„Mein Ziel bleibt, wenn die geschichtliche Stunde es zulässt, die Einheit unserer Nation."

Helmut Kohl

„Wir wählen die Freiheit!"

Konrad Adenauer

„Es wächst zusammen, was zusammengehört."

Willy Brandt

"General Secretary Gorbachev, if you seek peace, if you seek prosperity for the Soviet Union and Eastern Europe, if you seek liberalization: Come here to this gate. Mr. Gorbachev, open this gate. Mr. Gorbachev -- Mr. Gorbachev, tear down this wall!"

Ronald Reagan vor dem Brandenburger Tor, 1987

„Die Zeit arbeitet immer für, nicht gegen die Sache der Freiheit"

Helmut Kohl

Christian Bayer

Helmut Kohl und die Deutsche Einheit

Die Frage nach dem Verdienst.

Subjektive Selbsteinschätzung Kohls im Vergleich zu den Urteilen der am Prozess beteiligten Hauptakteure unter Berücksichtigung des aktuellen Forschungsstandes. Konsens, Dissens, Parallelen und Gesamtbilanz.

Bibliografische Information der Deutschen Nationalbibliothek: Die Deutsche Nationalbibliothek verzeichnet diese Publikation in der Deutschen Nationalbibliografie; detaillierte bibliografische Daten sind im Internet über dnb.de abrufbar.

Herstellung und Verlag: BoD – Books on Demand, Norderstedt

ISBN: 9783755751571

Inhalt

1.   Vorwort

Am 3. Oktober 1990 vollzog sich mit der deutschen Einheit eine historische Zäsur. Kein Historiker wird ernsthaft bestreiten, dass an diesem Tag Weltgeschichte geschrieben wurde. Beim Festakt zum 20. Jahrestag des Mauerfalls in Berlin trafen die Politiker Kohl, Gorbatschow und Bush am 31.10.2009 wieder aufeinander.[1] Für die am Festakt beteiligten Personen bestand kein Zweifel, dass diesen drei Staatsmännern ein wesentlicher Anteil an der deutschen Einheit zugutekommt. Die Frage nach den Voraussetzungen und Ursachen, welche den Weg zur deutschen Einheit überhaupt erst ermöglichten, wird unter Politikern und in der Forschung dagegen durchaus differenziert beantwortet.[2] Ebenso fällt das Urteil in der deutschen Öffentlichkeit hierzu sehr unterschiedlich aus und nicht selten findet

---

[1] Hierzu z.B.: Welt-online. Richter, Christine: Historischer Abend mit Kohl, Bush, Gorbatschow. 1.11. 2009, Quelle: http://www.welt.de/politik/article5041490/Historischer-Abend-mit-Kohl-Bush-Gorbatschow.html (Stand: 15.02.2012).

[2] Hierzu Forschungsbeiträge, welche das Verdienst Helmut Kohls äußert positiv bewerten. So z.B. Fröhlich, Stefan: Auf den Kanzler kommt es an. Helmut Kohl und die deutsche Außenpolitik. Persönliches Regiment und Regierungshandeln vom Amtsantritt bis zur Wiedervereinigung, Paderborn 2001.
Auch Rödder, Andreas: Deutschland einig Vaterland. Die Geschichte der Wiedervereinigung, München 2009. (Lizenzausgabe für die Bundeszentrale für politische Bildung, Bonn 2010). Dagegen zum Teil kritische Stimmen gegenüber Kohl, z.B. Noack, Hans-Joachim/Bickerich, Wolfram: Helmut Kohl. Die Biographie, Berlin 2010. Besonders deutlich wird die Kritik in Vilmar, Fritz (Hrsg.): Zehn Jahre Vereinigungspolitik. Kritische Bilanz und humane Alternativen (Kritische Analysen zur Vereinigungspolitik, Bd. 1), Berlin ²2000.

eine Verklärung von Personen und Ereignissen statt. Einerseits steigt der Kanzler der Einheit in der Jungen Union immer mehr zum Übervater auf.[3] Andererseits findet man in der Bundesrepublik mitunter Kommentare vor, die Kohl als Verräter titulieren und große Antipathie erkennen lassen.[4] Unabhängig davon scheint aber auch die Bedeutung des historischen Meilensteins der Wiedervereinigung in der öffentlichen Wahrnehmung zu schwinden und man begegnet immer wieder überzeugten Anhängern der sogenannten „Ostalgie".[5]

In dieser Arbeit soll grundsätzlich der Frage nachgegangen werden, wie Helmut Kohl sein Verdienst um die deutsche Einheit aus seiner subjektiven Selbstwahrnehmung heraus beurteilt und dies im Gegensatz von den ebenfalls am Prozess der Wiedervereinigung beteiligten Hauptakteuren gesehen wird. Daraus wird sich ein

---

[3] Vgl. hierzu z.B. Berichte der Jungen Union: Begeisterung für Helmut Kohl – gelungene JU-Aktion in Ludwigshafen, Quelle: http://www.junge-union.de/content/presse/mitteilungen/1070 (Stand: 1.03.2012). 20 Jahre Kanzler der Deutschen Einheit – Danke, Helmut Kohl, Quelle: http://www.junge-union.de/content/presse/mitteilungen/1145 (Stand: 1.03.2012).

[4] Z.B. Internetforen, die Kohl politisch und persönlich attackieren. Helmut Kohl, Verräter Deutschlands!, Quelle: http://www.deutschland-debatte.de/2012/02/29/helmut-kohl-verrater-deutschlands/ (Stand: 1.03.2012).

[5] Vgl. hierzu auch Kommentare Joachim Gaucks bzgl. Geschichtsvergessenheit und einem „Nachtrauern" der DDR. So z.B. Welt-Online: Thomas Schmid im Gespräch mit Joachim Gauck: Freiheit ist anstrengend, denn man muss wählen, 6.6.2010, Quelle: http://www.welt.de/politik/deutschland/article7922299/Freiheit-ist-anstrengend-denn-man-muss-waehlen.html (Stand: 02.02.2012).

Gesamtbild ergeben, welches Konsens, Dissens und Parallelen zwischen den einzelnen Beurteilungen aufzeigt.

Abgerundet werden die Urteile mit einer Darstellung über den aktuellen Forschungsstand. Im Rahmen dieser Arbeit kann zwar schon allein aus Kapazitätsgründen nicht jeder dazu vorherrschende Beitrag aus der Forschung berücksichtigt werden. Der Verfasser hofft jedoch, aus den zahlreichen wissenschaftlichen Beiträgen insgesamt eine ausgeglichene Auswahl getroffen zu haben, so dass ein gesicherter Überblick entsteht und die subjektiven Beurteilungen Kohls und seiner politischen „Weggefährten" ausreichend ergänzt werden. Insgesamt soll für den Leser ersichtlich werden, in welchen Bereichen weitestgehend Eintracht bzw. Zwietracht besteht. Nicht zuletzt ist es das Ziel dieser Arbeit, dass sich der Leser mit den hier bearbeiteten Beiträgen aufgrund solider Information und ausreichendem Hintergrundwissen ein eigenes und fundiertes Urteil über Helmut Kohls Verdienst an der Wiedervereinigung verschaffen kann.

Die grundlegende Frage dieser Arbeit bedingt, dass das primäre Quellenmaterial überwiegend auf den jeweiligen Autobiographien bzw. Memoiren sowie weiteren öffentlichen Äußerungen (so z.B. Interviews) basiert. Freilich sind die Aussagen zu einem nicht unbedeutenden Anteil stark subjektiv geprägt. Dass z.B. Helmut Kohl in seiner Beurteilung andere Schwerpunkte setzt als die britische Premierministerin Margaret Thatcher, dürfte grundsätzlich nicht allzu sehr überraschen. Durch die Einbeziehung aller „wichtigen" politischen Akteure am Prozess der deutschen Wiedervereinigung wird aber gerade aufgrund heterogener Ansichten und Schwerpunktsetzungen insgesamt ein sehr aufschlussreiches und differenziertes Bild entstehen. Darüber hinaus dienen Gesprächsprotokolle aus Bonn, Moskau und London als wertvolles Quellenmaterial. Diese tragen wesentlich dazu bei, noch genauer hinter die Kulissen zu blicken und einen authentischen Eindruck der Gemütslage und Atmosphäre des Politikgeschehens der Jahre 1989 und 1990 zu vermitteln. Insbesondere eröffnen die im Jahre 2010 von der britischen Regierung publizierten „Documents on British Policy Overseas"[6] neue Erkenntnisse im Hinblick auf vertrauliche Gespräche zwischen London und Paris, die nicht nur das Bild Thatchers weiter konkretisieren, sondern auch neue Hinweise auf Mitterands „Doppelspiel"[7] liefern. Dadurch werden die subjektiven bzw. bewusst „gefärbten" Beiträge mitunter relativiert und ergänzt.

Ebenso sei noch darauf hingewiesen, dass diese Arbeit keine Chronologie der Wiedervereinigung darstellt. So wird z.B. nicht der Inhalt des Zehn-Punkte-Plans oder der Währungsunion an sich behandelt, sondern jeweils in Bezug auf Kohls Verdienst bzw. Verfehlungen. Aus diesem Grunde wird nicht jeder einzelne politische Schritt der Jahre 1989/90 auszuführen sein, sondern stets die Ereignisse, welche von den hier zu Wort kommenden Akteuren als

---

[6] Salmon, P./Hamilton, K. (Hg.): Documents on British Policy Overseas. German Unification, 1989-1990 (Foreign and Commonwealth Office, Series III, Volume VII), London/New York 2010.

[7] Kohl, Helmut: Vom Mauerfall zur Wiedervereinigung. Meine Erinnerungen, München 2009, S. 78.

besonders bedeutend in Bezug auf Helmut Kohls Verdienst angesehen werden.

Die Hauptaufgabe besteht freilich darin, eine objektive Auswertung der subjektiven Beurteilungen anzustreben. An manchen Stellen wird der Verfasser jedoch eigene Kommentare hinzufügen, wann immer dies m.E. notwendig bzw. hilfreich erscheint, um auf bewusst verfälschte oder missverständliche Aussagen aufmerksam zu machen. Zuletzt wird im Epilog noch einmal ein zusammenfassender Überblick wiedergegeben und abschließend eine Gesamtbilanz gezogen.

Christian Bayer

im März 2012

2. Helmut Kohls Selbsteinschätzung

2.1 Persönliche Beziehungen, Vertrauen und Prinzipien

„Was im privaten Umgang miteinander richtig ist, ist auch in der Politik richtig. [...] Wesentlich für stabile Beziehungen im privaten wie im politischen Bereich ist das Vertrauen in die Verlä[ss]lichkeit des Partners."[8]

2.1.1 Die amerikanischen Freunde: Partner in leadership!

Ein persönliches und menschliches Verhältnis zu anderen Politikern aufzubauen, war für Helmut Kohl stets eine wichtige Voraussetzung, um langfristig erfolgreich zusammenarbeiten zu können. Mit der amerikanischen Mentalität konnte sich Kohl durchaus identifizieren. „Die Arroganz mancher Europäer", so Kohl, „die voller Dünkel auf die Amerikaner herabsehen, habe ich nie verstanden. Ich fühle mich wohl unter den Amerikanern."[9] Und in der Tat pflegte Helmut Kohl sowohl zu Ronald Reagan (1981-1989), viel mehr aber noch zu dessen Nachfolger George Bush senior ein außerordentlich gutes Verhältnis. Mit Letzterem verbindet Kohl bis heute eine tiefe Freundschaft.

---

[8] Diekmann, Kai/Reuth, Ralf Georg: Helmut Kohl. „Ich wollte Deutschlands Einheit", München 2000, S. 323.
[9] Vgl. Kohl: Erinnerungen, S. 305.

Während man 1979 dem amerikanischen Präsidentschaftskandidaten Ronald Reagan bei einem Besuch in Bonn mehrheitlich mit Nichtachtung und Überheblichkeit begegnete, sei Helmut Kohl damals der Einzige gewesen, der sich Reagans angenommen habe, um mit ihm während eines kleinen Abendessens in Kohls Büro eine persönliche Beziehung aufzubauen. In einer äußerst freundschaftlichen Stimmung sei der Grundstein für die menschliche Nähe zwischen Kohl und Reagan gelegt worden. Und in der Tat sollte der in Deutschland viel belächelte Reagan bald darauf als 40. Präsident der Vereinigten Staaten in die Geschichtsbücher eingehen.[10] Während in Bonn weder ein Minister noch ein Abgeordneter sich für Reagan Zeit nahm, bewies Helmut Kohl bereits hier sein feines Gespür für die Wichtigkeit persönlicher Beziehungen. Ronald Reagan betont in seinen Tagebucheinträgen vom 15. November 1982 die Unterschiede zwischen Kohl und dessen Vorgänger Helmut Schmidt. Darin bezeichnet er Kohl als äußerst warmherzig und freundlich. Der Präsident beendet seinen Tagebucheintrag mit den Worten, dass man sicher eine sehr gute Beziehung aufbauen werde.[11] Laut Kohl sei das Vertrauen der westlichen Verbündeten von großer Wichtigkeit

---

[10] Schwan, Heribert/Steininger Rolf: Helmut Kohl. Virtuose der Macht, Mannheim 2010, S. 100.

[11] Vgl. Reagan, Ronald: The Reagan Diaries, New York 2007, S. 113. *Monday, November 5, 1982: [Kohl] is entirely different than his predecessor – very warm and outgoing. […] I believe we'll have a fine relationship.*

gewesen. Dabei betont er besonders Reagans Nachfolger George Bush.[12] Nicht nur habe die beiden Staatsmänner

„gegenseitige politische Wertschätzung [geprägt], sondern auch tiefe menschliche Sympathie. George Bush ist ein Mann mit gesundem Menschenverstand und von bodenständiger Lebensart, gläubig und zu echter Freundschaft fähig. Er ist außergewöhnlich kultiviert und weltläufig. Von Außenpolitik, von Deutschland und Europa verstand er mehr als die meisten seiner Vorgänger.“[13]

In der Zeit zwischen dem Mauerfall bis zur Deutschen Einheit war die Zusammenarbeit zwischen Bonn und Washington besonders intensiv und Kohl ist davon überzeugt, dass die Rückendeckung der amerikanischen Regierung zu einem großen Teil auf die Sympathie zwischen dem deutschen Bundeskanzler und dem amerikanischen Präsidenten zurückzuführen sei. Bei unzähligen Telefongesprächen und persönlichen Begegnungen scheint ein enger „Schulterschluss" in der Tat spürbar gewesen zu sein. Demnach sei George Bush ein „Glücksfall für uns Deutsche" gewesen, ohne den die deutsche Einheit im Jahr 1990 nicht zustande gekommen wäre.[14] Freundschaft und Treue habe Bush vor allem in seiner Reaktion zum Zehn-Punkte-Plan bewiesen, mit dem sich der Kanzler vor allem aus Moskau und London heftigster Kritik ausgesetzt sah. Bush habe Kohl seine Zustimmung und Unterstützung zugesichert, woraufhin sich dieser sichtlich bewegt

---

[12] Vgl. Diekmann: Kohl. "Ich wollte Deutschlands Einheit", Vorwort S. II.

[13] Kohl: Erinnerungen, S. 82.

[14] Kohl: a.a.O,ebd.

mit dem durchaus ernst gemeinten Kompliment bedankt habe, dass es seit der Ära Adenauer-Dulles nicht mehr eine so gute und gefestigte deutsch-amerikanische Beziehung gegeben habe.[15]

Kohls Besuch in Camp David im Februar 1990 stelle einen Höhepunkt in der Beziehung zu Bush dar. Auf dem Landsitz des amerikanischen Präsidenten sei Kohl noch einmal deutlich geworden, dass die enge Freundschaft und vertrauensvolle Partnerschaft mit den USA eine entscheidende Vorbedingung für die kommende deutsche Einheit sein würde. Indirekt weist Kohl in seinen Erinnerungen daraufhin, dass *er* es war, dem die amerikanische Regierung bedingungslos vertraute und hebt sich diesbezüglich deutlich von Außenminister Hans-Dietrich Genscher ab, der zu diesem Treffen in Camp David nicht eingeladen war. Die Bush-Administration sei gegen Genscher etwas verstimmt und skeptisch gewesen, da sich dieser zuvor negativ über eine Ausweitung der NATO auf das Gebiet der DDR geäußert habe. Das habe „die Amerikaner irritiert, und alte Vorurteile gegenüber Genscher, was seine Haltung gegenüber der Sowjetunion betraf, neu belebt. Dieses Misstrauen war den Amerikanern nicht zu nehmen, und deswegen, so wurde [Kohl] erklärt, habe man [Genscher] in Camp David nicht dabeihaben wollen.“[16]

In einer freundschaftlichen Atmosphäre habe man sich laut Kohl in allen entscheidenden Fragen einigen können und folgerichtig sei der Besuch ein voller Erfolg gewesen. Bei der Recherche der Protokolle

---

[15] Diekmann: Kohl. „Ich wollte Deutschlands Einheit", S. 159.
[16] Kohl: Erinnerungen, S. 216-217.

vom 24. Februar 1990 entsteht in der Tat weniger der Eindruck eines politischen Dialogs, sondern vielmehr eines Gespräches unter engen Freunden. Kohl bekräftigte dies gleich zu Beginn des Aufeinandertreffens. Die Freundschaft sei „heute wichtiger [...] als vor 30 oder 40 Jahren – sie sei existentiell.“[17] Den entscheidenden Grund für die meist unkomplizierte Zusammenarbeit zwischen Bonn und Washington sieht Kohl vor allem in seiner Person. Bush habe zwar auch Genscher geschätzt, zu ihm aber nie so einen guten Draht gefunden wie zu Kohl. Den Grund hierfür sieht Kohl darin, dass er von Anfang an gewusst habe, was er wollte und eine klare Linie aufgezeigt habe. Die amerikanische Regierung habe dem Kanzler deshalb einen so festen Rückhalt geboten, weil sie überzeugt gewesen sei, dass man einem Helmut Kohl uneingeschränkt vertrauen könne.[18]

Ein gutes Verhältnis war somit aufgebaut, welches für den politischen Prozess der deutschen Einheit durchaus noch eine große Rolle spielen sollte, wie in den folgenden Kapiteln noch zu zeigen sein wird.

---

[17] Küsters, Dokumente Deutschlandpolitik, S. 860.
[18] Vgl. Kohl: Erinnerungen, S. 219.

2.1.2 Beziehung zu Gorbatschow

Während zwischen Kohl und Bush also von Anfang an ein freundschaftliches Verhältnis vorherrschte, waren die Voraussetzungen in der Beziehung zu Gorbatschow in der Tat nicht die allerbesten. Freilich war es weitaus komplizierter mit Gorbatschow ein enges Verhältnis aufzubauen als zum amerikanischen Präsidenten. Eine politische Nähe zu Moskau hatte Kohl nicht. Zu den laut Gorbatschow eher schlechten Beziehungen zwischen Moskau und Bonn im Jahr 1986[19] hatte Kohl selbst wesentlich beigetragen. Während man Kohl oft als zuverlässig und vertrauenswürdig hielt,[20] sind ihm andererseits diplomatisch auch schwere Fehler unterlaufen. Am 27. Oktober 1986 ließ sich der Kanzler in einem Interview mit dem amerikanischen Magazin „Newsweek" dazu hinreißen, in Bezug auf Gorbatschows Öffentlichkeitarbeit zumindest indirekt einen Vergleich mit Goebbels heranzuziehen. Auch Kohls schnelles Dementi konnte den angerichteten Schaden nicht unmittelbar reparieren.[21] Michail Gorbatschow widmet in seinen Erinnerungen Kohls verbaler Entgleisung lediglich einen Satz und habe sich dabei angeblich nur

---

[19] Vgl. Gorbatschow, Michail: Erinnerungen, Berlin 1995, S. 702.

[20] Vgl. Schwan/Steininger: Helmut Kohl, S. 295.

[21] Vgl. hierzu beispielsweise den Artikel der „Los Angeles Times" vom 3. November 1986: Tuohy, William: Misquoted about Gorbachev, Kohl says: Chancellor denies Comparing Soviet Leader to Nazi's Goebbels. *BONN — West German Chancellor Helmut Kohl said Sunday that in a Newsweek magazine interview, he was misquoted as comparing Soviet leader Mikhail S. Gorbachev and Nazi propaganda chief Josef Goebbels."* Quelle: http://articles.latimes.com/1986-11-03/news/mn-14904_1_kohl-spokesman (10.12.2011).

gefragt, ob die „bundesrepublikanische Führung überhaupt fähig sei, die Geschehnisse adäquat einzuschätzen."[22] Man kann aber sicher davon ausgehen, dass der sowjetische Generalsekretär über die unangebrachten Äußerungen Kohls mehr als nur irritiert war. Auch in Deutschland herrschte Unverständnis und Entsetzen über Kohl. In einer Umfrage des Spiegels vom November 1986 bezeichneten deutliche 90 Prozent der Befragten Kohls Vergleich als einen Fehler, für den sich der Kanzler entschuldigen müsse.[23] Dennoch versteht es Kohl in seinen Erinnerungen auch hier, die Akzente auf seine Fähigkeit der Bildung von persönlichen Beziehungen und Freundschaften zu fokussieren. Nach eigenen Aussagen habe er es relativ zügig geschafft, auch zu Gorbatschow eine Beziehung aufzubauen, die letztlich auf großem Vertrauen beruht habe. Jedoch gesteht er ein, dass er sich dieses Vertrauen hart erarbeiten habe müssen. Im Juni 1989 sei es demnach laut Kohl zu einem Schlüsselerlebnis gekommen, als Gorbatschow zu seinem ersten Staatsbesuch in der Bundesrepublik erwartet wurde. Dabei stand die Begegnung unter drei Leitmotiven:

1.   Beziehungen zwischen der Bundesrepublik und der Sowjetunion verbessern.

---

[22] Vgl. Gorbatschow: Erinnerungen, S. 702.
[23] Vgl. Der Spiegel 46/1986. „Kohl hätte sich entschuldigen müssen",
10.11.1986, S. 28-30. Auch online als PDF-Datei im Originalformat
verfügbar: http://www.spiegel.de/spiegel/print/d-13520535.html
(Stand: 10.12.2011).

2.	Vertrauen aufbauen und einen Zustand guter Nachbarschaft begründen.

3.	Eine über die Verständigung der Regierungen hinausführende Aussöhnung der Völker.

Im Bundeskanzleramt kam es insgesamt zu drei vertraulichen Gesprächen. Kohl verstand es seinen eigenen Aussagen nach dabei das Eis zu brechen, indem er mit Gorbatschow zuallererst persönliche und familiäre Gespräche geführt habe. Wichtig sei ihm dabei gewesen, Gorbatschow wissen zu lassen, wie wichtig für Kohl die direkte Zusammenarbeit und gegenseitige Kommunikation sei. Der entscheidende Moment sei gewesen, als Kohl und Gorbatschow bereits nach Mitternacht noch einen spontanen gemeinsamen Spaziergang im Park des Kanzleramts unternahmen. Beide seien sich einig gewesen, dass man die Beziehungen auf eine neue und bessere Basis stellen müsse und einen Schlussstrich unter die Vergangenheit ziehen solle. Kohl habe aber unmissverständlich darauf hingewiesen, dass nach wie vor die Teilung Deutschlands zwischen ihnen stünde. Daraufhin habe ihm Gorbatschow sofort widersprochen und die Teilung als die logische Folge der geschichtlichen Entwicklung bezeichnet. Und an dieser Stelle schildert Kohl die Szene, die er als Schlüsselerlebnis bezeichnet. Er habe auf den Rhein gezeigt und den Fluss als ein Symbol für ständige Bewegung dargestellt. Den Fluss könne man war kurzfristig aufhalten, aber er würde sich andere Wege suchen und schließlich sein Ziel erreichen. So sei es auch mit der deutschen

Einheit. So sicher wie der Rhein zum Meer fließe, so sicher würde auch die Einheit kommen. Hierauf habe Gorbatschow nicht mehr widersprochen.[24]

Kohl behauptet nicht, dass er mit seinem bildhaften Vergleich unmittelbar auf Gorbatschows Politik Einfluss genommen habe. Jedoch habe das im Bonner Kanzleramt gefasste gegenseitige Vertrauen eine enorme Bedeutung gehabt und sei mitunter einer von mehreren Auslösern gewesen, aufgrund derer sich bei Gorbatschow schließlich die Erkenntnis durchgesetzt habe, dass die DDR nicht mehr zu retten sei. Das Gespräch am Rhein hätten beide Staatsmänner sogar mit einer Umarmung beendet.[25] Trotz dieser fast filmreifen Szenen ist die tatsächliche Gemütslage Gorbatschows zu diesem Zeitpunkt nur schwer zu erfassen. Tatsächlich scheint Gorbatschow von der persönlichen und menschlichen Atmosphäre beim Bonner Treffen beeindruckt gewesen zu sein. Dass es in der Tat vor allem im Vergleich zum vorangegangen Treffen in Moskau 1988 auch im gegenseitigen Umgangston zu einer wesentlichen Entspannung gekommen war, lässt sich aus den Gesprächsprotokollen eindeutig entnehmen.[26] Andererseits hätte Gorbatschow zu diesem Zeitpunkt der

---

[24] Vgl. Kohl: Erinnerungen, S. 23-27.

[25] Diekmann: Kohl, „Ich wollte Deutschlands Einheit", Vorwort II.

[26] So zeigt dies beispielweise ein Vergleich der deutschen und sowjetischen Protokolle über die Treffen in Moskau 1988 und Bonn 1989, in: Küsters: Dokumente Deutschlandpolitik, Seite 276-286 (Gespräche in Bonn), Galkin, Aleksandr/Tschernjajew, Anatolij (Hrsg.): Michail Gorbatschow und die Deutsche Frage. Sowjetische Dokumente

Aussage Kohls keinesfalls zugestimmt. Nichts lag dem Kremlchef ferner als eine mögliche Wiedervereinigung Deutschlands.[27] Und dennoch lässt sich an Kohls Interpretation der Gespräche erkennen, dass er es in der Tat geschafft hatte, die von mancher Krise gebeutelte Beziehung zu Gorbatschow auf ein freundschaftliches und menschliches Fundament zu stellen. Unbestritten hat dies in den folgenden Monaten dazu beigetragen über gewisse Streitfragen hinwegzukommen. Wie Kohl richtig anmerkt, habe Gorbatschow die Einheit ja nicht gewollt. Die Entwicklung, die Gorbatschow durch Perestroika und Glasnost unbeabsichtigt selbst ankurbelte, sei regelrecht über ihn hinweggegangen. Dass er den Weg im Laufe des Jahres 1990 schließlich doch frei machte, habe nicht zuletzt mit das in Kohl gesetzte Vertrauen zu tun gehabt.

„Den Weg zur deutschen Einheit frei zu machen [...] fiel ihm um so leichter, als er mir vertraute. Unser gutes Verhältnis, das wir im Juni 1989 in Bonn begründet hatten, erwies sich als wetterfest, weil es seitdem andere

---

1986-1991 (Quellen und Darstellungen zur Zeitgeschichte, Bd. 83, hrsg. Vom Institut für Zeitgeschichte), München 2011, S. 276-286.

[27] Gorbatschow spricht beim Besuch Kohls in Moskau 1988 von „Realitäten", die man nicht ändern könne und davon, dass sich die Geschichte nicht umschreiben ließe. Auch beim Besuch in Bonn im Juni 1989 äußert sich Gorbatschow – wenn auch nun im Ton freundlicher und diplomatischer ausgedrückt – deutlich gegen eine Politik hin zur Wiedervereinigung. Zwar gebe es große Umwälzungen in den sozialistischen Ländern, die es zu meistern gelte. Eine Einmischung von außen und somit auch eine aktive Politik Richtung Wiedervereinigung der beiden deutschen Teile schließt Gorbatschow aus. Vgl. hierzu Galkin: Sowjetische Dokumente, S. 124f und Küsters: Dokumente Deutschlandpolitik, S. 282f.

Gelegenheiten gegeben hatte, in denen ich Versprechen einlösen konnte [Kohl meint hier das an Gorbatschow eingelöste Versprechen der Lebensmittellieferungen an Moskau im Januar 1990 – eigene Anmerkung]. Er wu[ss]te, dass ich jemand bin, der Wort hält, auf den man sich in schwieriger Lage verlassen kann. "[28]

Bereits im Oktober 1988 und vor allem eben ein Jahr später in Bonn war Gorbatschow trotz aller politischer Unterschiede von Kohls Menschlichkeit beeindruckt. Man habe, so Gorbatschow, in der Tat „ein neues Kapitel in den deutsch-sowjetischen Beziehungen aufgeschlagen."[29]

Ebenso ist noch der 10. November 1989 zu nennen. Kohl befand sich gerade auf einer Kundgebung am Schöneberger Rathaus, um dort eine kurze Rede zu den sich überstürzenden Ereignissen zu halten.[30] Nur Augenblicke bevor Kohl seine Rede beginnen konnte, wurde Teltschik ans Telefon gerufen, um eine Nachricht des sowjetischen Botschafters in Bonn, Julij Kwizinskij, entgegenzunehmen. Kwizinskij übermittelte die dringende Bitte Gorbatschows, die Emotionen nicht außer Kontrolle geraten zu lassen und unter allen Umständen ein Chaos zu verhindern. Teltschik schildert diesen Augenblick folgendermaßen:

„Präsident Gorbatschow bitte[t] den Bundeskanzler, beruhigend auf die Menschen einzuwirken. Für Rückfragen bleibt keine Zeit, ich mu[ss] zurück zum Kanzler und zwänge mich durch das dichte Menschenknäuel, um ihm

---

[28] Diekmann: Kohl. „Ich wollte Deutschlands Einheit", S. 251.
[29] Gorbatschow: Erinnerungen, S. 705.
[30] Vgl. Kohl: Erinnerungen, S. 89.

Gorbatschows Botschaft zu übermitteln, die er kommentarlos zur Kenntnis nimmt. Was bedeutet sie? Vermutlich bewegt Gorbatschow die Sorge, da[ss] [...] die Gefühle der Menschen so aufgeputscht werden könnten, da[ss] sie wie in der vergangenen Nacht erneut über die Mauer hinweg zusammenströmen und die Einigung mit den Füßen vollziehen. [...] Ist Gorbatschows Botschaft mehr als eine Bitte aus Sorge, ist es eine versteckte Warnung? "[31]

Sowohl aus den Bonner Protokollen, insbesondere aber aus den sowjetischen Dokumenten wird Gorbatschows Besorgnis besonders deutlich. Der sowjetische Generalsekretär bat den Kanzler, beruhigend auf die Menschen in Berlin einzuwirken. Ein Chaos, so Gorbatschow, müsse unter allen Umständen verhindert werden. Die Folgen seien sonst unabsehbar.[32] Schließlich habe Gorbatschow von Kohl persönlich wissen wollen, ob einzelne Berichte zuträfen, wonach die Situation in Berlin außer Kontrolle sei und Menschenmengen damit begonnen hätten, Einrichtungen der Sowjetarmee zu stürmen. Kohl, eingezwängt auf dem Balkon des Schöneberger Rathaus, habe keine Möglichkeit gehabt, persönlich bei Gorbatschow anzurufen. So habe er Gorbatschow ausrichten lassen, dass die Berichte nicht zuträfen und die Stimmung wie bei einem „Familienfest" sei. Aufgrund der Nachricht Kohls, so habe ihm Gorbatschow später einmal wissen lassen, habe der Kremlchef der DDR-Führung zu verstehen gegeben,

---

[31] Teltschik: 329 Tage. Innenansichten der Einigung, Berlin 1991, S. 19f.

[32] Vgl. Küsters: Dokumente Deutschlandpolitik, S. 504f. und S. 516. Ebenso das Telefongespräch zwischen Kohl und Gorbatschow vom 11. November 1989 mit ähnlichem Inhalt, hierzu Galkin: Sowjetische Dokumente S. 231.

dass die Sowjetunion – anders als am 17. Juni 1953 – keinesfalls mit Panzern eingreifen werde.[33] Hier wird noch einmal Kohls Überzeugung deutlich, dass die inzwischen entstandene Vertrautheit zwischen ihm und Gorbatschow entscheidend gewesen sei. Den Schilderungen nach habe Gorbatschow seine Entscheidung von Kohls Aussage abhängig gemacht. Ohne die erfolgreiche Außenpolitik und den persönlichen Begegnungen der letzten Jahre hätten sich die Ereignisse schlagartig auch in eine völlig andere Richtung entwickeln können.

„Dass gerade zu diesem Zeitpunkt die Beziehungen zwischen der Sowjetunion und der Bundesrepublik ein solch hohes Niveau erreicht und sich über das offizielle Maß hinaus persönliche Kontakte zwischen uns herausgebildet hätten, schätzte ich als besonders glückliche Fügung ein."[34]

Kohl sah sich also darin bestätigt, dass persönliche und psychologische Aspekte in der Politik von großer Bedeutung sein können.

---

[33] Vgl. Kohl: Erinnerungen, S. 89f.
[34] Vgl. Kohl: a.a.O., S. 99.

2.1.3 Kohl und Mitterand. Eine undurchsichtige Beziehung

Bei der Trauerfeier für den am 8. Januar 1996 verstorbenen François Mitterand sah man einen sichtlich bewegten Helmut Kohl.[35] Mit seinen Tränen zeigte der Kanzler die enge Verbundenheit, welche zwischen beiden Staatsmännern während ihrer gemeinsamen Amtszeit bestand. Ebenso schildert der Altkanzler in seinen Erinnerungen den für ihn unvergesslichen Moment, als er und Mitterand Hand in Hand im September 1984 an den Gräberfeldern von Verdun standen. Auf den ersten Blick könnte man meinen, die Beziehung hätte nicht besser sein können. „Leider", so Kohl, „musste ich später feststellen, dass Mitterand im Laufe der folgenden Wochen [*nach dem deutsch-französischen Gipfel in Bonn am 2./3. November 1989 und nach dem Fall der Berliner Mauer – eigene Anmerkung*] eine Art Doppelspiel betrieb."[36]

Der französische Präsident scheint in der Tat hinter verschlossenen Türen völlig anders argumentiert und gedacht zu haben, als er dies gegenüber Kohl zeigte. So habe Mitterand während des deutsch-französischen Gipfels in Bonn am 2./3. November 1989 z.B. erläutert, dass die Entwicklungen in Osteuropa derart in Bewegung geraten seien, dass man einfach nicht wissen könne, was der nächste Tag

---

[35] Hierzu Welt-online, Leibel, Jochen: Helmut Kohl weinte um seinen Freund, 12.01.1996, Quelle: http://www.welt.de/print-welt/article652024/Helmut_Kohl_weinte_um_seinen_Freund.html

[36] Kohl: Erinnerungen, S. 78.

bringen werde.[37] Im Verlauf des Gesprächs habe Mitterand dann auch „ausdrücklich grünes Licht"[38] für die Deutsche Einheit gegeben, andererseits habe er engen Mitarbeitern anvertraut, dass die Einheit so schnell nicht kommen würde und man darauf setzen könne, dass Gorbatschow niemals bereit sein würde, ein vereinigtes Deutschland in der Nato zu akzeptieren. Kohls Verärgerung bringt er mit den Worten „[s]ie sollten sich gewaltig täuschen" zum Ausdruck.[39] Auch wenn sich Kohl in seinen Erinnerungen nicht ausdrücklich negativ zu Mitterand äußert, wird doch deutlich, dass er über die etwas zwiespältige Rolle des französischen Präsidenten heute menschlich schwer enttäuscht ist.

Aber auch bei Mitterand habe er wiederum ein Gefühl der Vertrautheit geschaffen, welches für den Prozess der Wiedervereinigung große Bedeutung haben sollte. Am Morgen nach dem Mauerfall berichtete Kohl in einem Telefonat dem französischen Präsidenten von den bewegenden Ereignissen in Berlin sowie den starken Emotionen der Menschen in ganz Deutschland. Mitterand habe seine besten Wünsche für die Deutschen zum Ausdruck gebracht und von einem „großen Augenblick in der Geschichte" gesprochen. Außerdem, und dies war für Kohl natürlich mit am Wichtigsten, habe Mitterand gegenüber dem Kanzler seine Freundschaft ausdrücklich hervorgehoben.[40]

---

[37] Diekmann: Kohl. „Ich wollte Deutschlands Einheit", S. 100.
[38] Kohl: Erinnerungen, S. 77.
[39] Kohl: a.a.O., ebd.f.
[40] Kohl: a.a.O., S. 95f.

Wie bereits erwähnt, tituliert Kohl Mitterands Verhalten in den darauffolgenden Wochen allerdings als Doppelspiel. Laut Kohl sei die Entwicklung zum Jahresende 1989 für Mitterand mitunter zu schnell gegangen. Darüber hinaus war der Präsident über den Zehn-Punkte-Plan nicht erfreut und die französische als auch deutsche Presse sprachen wohl nicht ganz zu Unrecht von einer Krise zwischen den beiden Staatsmännern, auch wenn Mitterand dies rückblickend anders darzustellen versuchte (hierzu ausführlich Kapitel 3). Die Situation habe den Kanzler irritiert und ihm keine Ruhe gelassen. Deshalb reiste Kohl am 4. Januar 1990 nach Latché südlich von Bordeaux, wo Mitterand nahe der Atlantikküste ein Ferienhaus besaß. Der französische Präsident habe auf Kohl einen befangenen Eindruck gemacht. „So hatte ich meinen Freund noch nicht erlebt", so Kohl.[41] Es folgten ein langer Spaziergang und stundenlange Gespräche, in denen Kohl ausführlich die politische Lage und seine ganz persönlichen Ansichten geschildert habe. Kohl habe noch einmal die Notwendigkeit seines Vorgehens beim Zehn-Punkte-Plan sowie die Lage in der DDR und Sowjetunion erläutert. Besonders deutlich habe er dabei akzentuiert, dass es keinen deutschen Alleingang geben werde und die deutsche und europäische Einheit zwei Seiten einer Medaille seien.[42] Nach Kohls Schilderungen scheint Mitterand immer noch skeptisch und zurückhaltend gewesen zu sein. Kohl möge doch bitte beachten,

---

[41] Kohl: Erinnerungen, S. 169.

[42] In der Tat betont Kohl in diesem Gespräch stets das „europäische Dach", unter dem die deutsche Einheit zu vollziehen sei. Vgl. hierzu Küsters: Dokumente Deutschlandpolitik, S. 683f.

dass jeder Schritt der Bonner Regierung direkte Auswirkungen auf Gorbatschow nach sich ziehe.[43] Kohl habe nach eigenem Bekunden auch hier wieder seine Fähigkeit unter Beweis gestellt, durch intensive und vertrauensvolle Gespräche sein Gegenüber letztlich überzeugen zu können.

„Als ich zurückflog, hatte ich das Gefühl, Mitterand von der Ernsthaftigkeit meines europapolitischen Engagements und von der Verlässlichkeit auch eines wiedervereinigten Deutschlands überzeugt zu haben. Das französische Misstrauen schien durch das offene und klärende Gespräch überwunden, unser gegenseitiges Vertrauensverhältnis schien wiederhergestellt zu sein."[44]

Kohl suggeriert hiermit trotz mancher Differenzen und Irritationen aufgrund des freundschaftlichen Verhältnisses Streitpunkte geklärt und Vertrauen zurückgewonnen zu haben. In der Tat schwenkte Mitterand in den nächsten Monaten zumindest öffentlich auch immer mehr auf Kurs Wiedervereinigung ein. Das Bündnis Deutschland-Frankreich, genauer Kohl-Mitterand, erwies sich nach den Gesprächen im Januar in der Tat wieder gefestigter als zum Jahresende 1989.

---

[43] Kohl: Erinnerungen, S. 169f.
[44] Kohl: a.a.O., S. 171.

2.1.4 10 Downing Street. Oh my God, that man is so German!

Helmut Kohl beschreibt Margaret Thatcher als „die Ehrlichste unter den Gegnern der Einheit".[45] Ähnlich wie Mitterand hatte sie grundsätzlich darauf gesetzt, dass Gorbatschow ein vereintes Deutschland in der NATO niemals akzeptieren würde. In der Tat versuchte Thatcher die Wiedervereinigung mit allen Mitteln zu verhindern. Die *Iron Lady* selbst wehrt sich in ihren Erinnerungen gegen den Vorwurf, sie hätte gar einen „Deutschhass" gehegt.[46] Es lässt sich aber nicht abstreiten, dass die Eiserne Lady unter den europäischen Regierungschefs die mit Abstand härteste Gegnerin einer Wiedervereinigung Deutschlands war (und dies auch öffentlich äußerte). Für Helmut Kohl sollte die Beziehung zu Thatcher stets auf sehr schwierigen Pfeilern stehen. In Kohls Erinnerungen wird deutlich, dass er zu Thatcher nie einen richtigen Draht fand. Als Kohl in einem Telefonat der Premierministerin einen Eindruck von der fröhlichen Stimmung nach dem Mauerfall in Berlin vermitteln wollte, sei ihm deutlich geworden, dass sie der „Situation mit Unbehagen gegenüberstand."[47] Dies mag bei Thatcher durch ihr nur wenig ausgeprägtes diplomatisches Geschick sowie ihre eigenen Erfahrungen während des zweiten Weltkrieges zu erklären sein. Thatchers

---

[45] Kohl: Erinnerungen, S.21.
[46] Vgl. Thatcher, Margaret: Downing Street No.10. Die Erinnerungen, Düsseldorf u.a. 1993, S. 1064.
[47] Kohl: Erinnerungen, S. 95.

außenpolitischer Berater, Charles Powell, spricht ebenfalls das mangelnde diplomatische Geschick Thatchers an und beschreibt, wie sehr sich Kohl vergeblich bemüht habe, auch zur *Iron Lady* eine Freundschaft aufzubauen. Im Folgenden wird ein längerer Auszug aus Powells Bemerkungen hierzu zitiert, da dieser ein sehr treffendes Bild über Kohls vergebliche Versuche skizziert.

„She was never a diplomat and proud not to be one. [...] Thatcher's diplomacy was less concerned with making friends than with winning battles. That had a downside in her relationship with Chancellor Kohl, who went to great pains to gain her friendship. [...]

This extended to inviting her to spend a weekend in his home-town in the Rhineland, including a visit to his favourite tavern to sample his favourite dish of pig's stomach. Her appetite seemed mysteriously to fade as the German leader went back for seconds and thirds. We moved on to the great crypt of the Romanesque Cathedral of Speyer where she was invited to inspect the tombs of Holy Roman Emperors [...].

While she undertook this task without visible enthusiasm, Chancellor Kohl took me behind a pillar and said: 'Now she's seen me here in my home-town, right at the heart of Europe and on the border with France, surely she will understand that I am not just German, I am European. You must convince her.'

[...] As soon as we boarded our aircraft for the return to Britain, Mrs Thatcher threw herself into her seat, kicked off her shoes and announced with the finality which was her trademark: "My God, that man is so German."[48]

---

[48] Powell, Charles: Tales from Margaret Thatcher's foreign Travels, 14.04.2008. Ausschnitt aus The Daily Telegraph's Margaret Thatcher: A Tribute in Words and Pictures, edited by Iain Dale, Quelle: http://www.telegraph.co.uk/news/newstopics/themargaretthatcherye ars/1585111/Tales-from-Margaret-Thatchers-foreign-travels.html (Stand: 14.12.2011).

Wie so oft versuchte Kohl also auch bei Thatcher eine persönliche und entspannte Atmosphäre zu schaffen, um die gegenüber Deutschland stets skeptische Premierministerin zu überzeugen, dass der deutsche Bundeskanzler ein Fürsprecher Europas sei. Bei Thatcher ist der Kanzler in dieser Hinsicht allerdings gescheitert. Wie kein anderer Politiker hat sie sich dem Kanzler verschlossen. Politisch ließ sich Kohl davon wenig beeindrucken. Dies mag Thatchers Antipathie noch verstärkt haben, ja Kohls Tatendrang brachte sie oft an den Rand des Wahnsinns. Für den 18. November 1989 hatte Mitterand aufgrund der Ereignisse in der DDR als amtierender EG-Ratspräsident die Staats- und Regierungschefs zu einem Sondertreffen nach Paris eingeladen. Kohl erwähnt in seinen Erinnerungen, dass er äußerst vorsichtig vorgegangen sei und keine Ängste wegen einer zu raschen Wiedervereinigung habe äußern wollen. Während des Essens sei über die Deutsche Einheit nicht mal geflüstert worden. Trotz allem kam es hier zu einem Wutausbruch Thatchers, der die Entwicklungen wohl viel zu schnell gingen. Kohl habe sich von ihr massiv angegriffen gefühlt. Daraufhin habe er die Erklärung des Nato-Gipfels von 1970 zitiert, in der man sich ja positiv zu einer möglichen Wiedervereinigung äußerte. Dies war in der Tat ein sehr treffendes Argument und Thatcher, von ihrem ganzen Ärger scheinbar überwältigt, platzte der Kragen. Die Erklärung von 1970 sei zu einem Zeitpunkt abgegeben worden, an dem man sicher gewesen sei, dass die Wiedervereinigung nie stattfinden würde. Kohl sei nach eigener Einschätzung trotz großen Unverständnisses gelassen geblieben und habe darauf hingewiesen, dass die Erklärung von 1970 eindeutig sei.

Thatcher redete sich daraufhin immer mehr in Rage. Der Kanzler habe aber keine Miene verzogen und versucht, aus diesem Verhalten die positiven Aspekte zu ziehen. Zumindest habe Kohl nun sicher gewusst, welchen Standpunkt Thatcher vertrat.[49]

Etwas irritiert war Kohl von Thatchers Stimmungsschwankungen. Ende März reiste der Kanzler nach Cambridge. Im altehrwürdigen St. Catherine's College tagte dort die Königswinter-Konferenz. Die Stimmung zwischen Kohl und Thatcher, die den Kanzler zuvor durch negative Äußerungen in der Presse verärgert hatte, war schlecht. So habe es Kohl abgelehnt, vom Flughafen mit Thatcher in einem Wagen zum College zu fahren. Eine deutliche Geste. Doch dann habe sie durch ihre warme und freundliche Ansprache überzeugt, mit der Kohl überhaupt nicht gerechnet habe.[50]

Dies mag auch Kohls größtes Problem gegenüber Thatcher gewesen sein. Trotz ihrer klaren Haltung gegenüber der Deutschen Einheit war ihr persönlicher Umgang oft nicht berechenbar.

„Der Umgang mit ihr glich einem Wechselbad der Gefühle: Sie konnte hinreißend freundlich sein, wenn man etwa auf ihren Landsitz eingeladen war. Von einer Sekunde zur anderen war sie dann plötzlich wieder ganz Premierministerin und ging auf Distanz. Mehr als einmal haben wir furchtbar miteinander gestritten. [...]. Das Verhältnis zwischen Margaret Thatcher und

---

[49] Vgl. Kohl: Erinnerungen, S. 110.
[50] Vgl. Kohl: a.a.O., S. 238f.

mir war immer angespannt. Wir verstanden uns nicht. Wir hatten einfach nicht dieselbe Wellenlänge."[51]

Außerdem konnte Kohl nur schwer verbergen, wenn ihm jemand unsympathisch war.[52] Es wird auch kein Trost sein, dass die fehlende Sympathie auf Gegenseitigkeit beruhte. Demnach könnte man sagen, dass Kohl mit seinen Bestrebungen, unter politischen Akteuren die für ihn so wichtigen Freundschaften zu schließen, bei Thatcher an seine Grenzen stieß. In Kohls Augen dürfte Thatchers größtes Vergehen wohl darin gelegen haben, dass sie im März 1990 in einem Spiegel-Interview behauptet hatte, Kohl habe ihr gesagt, dass er die Oder-Neiße Grenze zu Polen nicht anerkennen würde. Der Kanzler, der viel verletzbarer und dünnhäutiger war als viele glaubten,[53] war außer sich und tobte vor Wut.[54] Und dennoch findet Kohl, wohl auch dank des zeitlichen Abstandes von gut 20 Jahren sowie seinem Respekt gegenüber Thatchers Prinzipientreue, in seinen Erinnerungen schließlich auch durchaus ehrenhafte Worte für die *Iron Lady*. Aus der angespannten Lage macht Kohl keinen Hehl, stellt aber fest:

„Allerdings kämpfte diese hochbegabte, respektable Frau, die so entschieden auftrat und stets konsequent ihre Meinung vertrat, immer mit offenem Visier,

---

[51] Kohl: a.a.O., S. 239.
[52] Vgl. Schwan, Steininger: Kohl, S. 299.
[53] Vgl. Schwan, Steininger: Kohl, S. 297.
[54] Spiegel-Online International: Volkery Carsten: „The Germans Are Back!. The Iron's Lady Views on German Reunification." 11.09.2009. Quelle: http://www.spiegel.de/international/europe/0,1518,648364,00.html (Stand: 17.12.2011).

und sie war nach einem Streit nie persönlich nachtragend, was ich ihr bis heute hoch anrechne."[55]

Die Beziehung Kohl-Thatcher war laut Christopher Mallaby, von 1988 bis 1992 britischer Botschafter in Deutschland, äußerst schlecht. Die Zusammenarbeit zwischen London und Bonn habe trotz aller Differenzen keinen großen Schaden davon genommen, da Kohl immerhin zum britischen Außenminister Douglas Hurd und Schatzkanzler John Major eine gute Beziehung habe aufbauen können.[56] So sei Thatchers Haltung nicht repräsentativ für die britische Regierung. Im Gegenteil, im Außenministerium wie im Kabinett habe es laut Kohl eine breite Unterstützung für die Einheit Deutschlands gegeben.[57]

---

[55] Kohl: Erinnerungen, S. 239.

[56] Spiegel-online International: Sir Christopher Mallaby: Thatcher versus Kohl. They didn't Naturally Each Other's Company (im Interview mit Marco Evers), 14.09.2009: *„It was a question of personal chemistry. They didn't naturally enjoy each other's company. Mrs. Thatcher had easier relationships with Reagan or Gorbachev. [...].The two governments found ways to work together, in spite of everything. And Foreign Secretary Douglas Hurd struck up a good relationship with Helmut Kohl."*
Quelle: http://www.spiegel.de/international/germany/0,1518,648901,00.html (Stand: 17.12.2011).

[57] Vgl. Kohl: Erinnerungen, S. 242.

2.2 Die wichtigsten politischen Schritte auf dem Weg zur Einheit

2.2.1 Adenauer, Deutschlandpolitik und ein geeintes Europa

Eine der elementaren Voraussetzungen für die spätere deutsche Einheit sieht Kohl darin, dass er seine politischen Grundpositionen stets auf den Prinzipien Konrad Adenauers aufgebaut habe. Laut Kohl habe der erste Bundeskanzler der BRD die entscheidenden Weichen in der Deutschlandpolitik gestellt. Adenauer habe von Beginn an seine Politik darauf aufgebaut, Deutschland wieder in die Gemeinschaft der freien Völker zurückzuführen und für ein freies und geeintes Europa gestanden. Sein klares Bekenntnis zur Freiheit und die damit verbundene Integration der Bundesrepublik in den Westen sowie die Bindung an die USA seien wesentliche Voraussetzungen für die spätere Einheit gewesen.[58]

Bis heute wird in der Forschung die Frage, inwieweit die Adenauersche Politik zur deutschen Einheit schließlich beitrug, kontrovers diskutiert. Insgesamt lässt sich kaum abstreiten, dass Adenauer in der Tat „schon sehr früh ein präzises Konzept für die Zukunft besaß, das auf einer nüchternen Einschätzung der nach dem Zweiten Weltkrieg geschaffenen Realitäten beruhte", wie dies Daniel

---

[58] Vgl. Kohl: a.a.O., S. 11.

Koerfer zum Ausdruck bringt.[59] Die tiefe Überzeugung von der Wichtigkeit der engen Anbindung an die USA wird bereits in seinem am 16.März 1946 verfassten Brief an den in die USA emigrierten ehemaligen Kölner Sozialdemokraten Wilhelm F. Sollmann deutlich:

„Helfen Sie doch, die Überzeugung in USA zu verbreiten, da[ss] die Rettung Europas nur mit Hilfe von USA erfolgen kann und da[ss] die Rettung Europas auch für USA wesentlich ist [...].“[60]

An die Grundpfeiler der Ausrichtung Adenauers habe sich Kohl eigenem Bekunden nach stets gehalten, da diese niemals an Aktualität verloren hätten. Ohne feste Einbettung in die westlichen Bündnisse wäre Deutschland in die Neutralität geführt und so in den Machtbereich der Sowjetunion einverleibt worden.[61]

Ein weiteres Prinzip Kohls sei es gewesen, bei auch noch so starkem politischem Gegenwind niemals von seinen Grundüberzeugungen abzuweichen. Als Beispiel nennt der Kanzler hierzu, wiederum in Anlehnung an die Westbindung Adenauers, den NATO-Doppelbeschluss. Die Entscheidung hierüber sei laut Kohl sogar die „Entscheidung aller Entscheidungen auf dem Weg zur deutschen Einheit" gewesen.[62] Von Vorgänger Helmut Schmidt entgegen dem Willen der SPD auf den Weg gebracht, habe Kohl den NATO-

---

[59] Koerfer, Daniel: Kampf ums Kanzleramt. Erhard und Adenauer, Berlin 1998, S. 43.
[60] Morsey, Rudolf/Schwarz, Hans-Peter (Hrsg.): Konrad Adenauer. Briefe 1945-1947. Bearbeitet von Hans-Peter Mensing. Berlin 1983, S. 191.
[61] Vgl. Kohl: Erinnerungen, S. 12.
[62] Vgl. Kohl: a.a.O., S. 15.

Doppelbeschluss mit seiner Regierung 1983 „gegen alle Widerstände in unserem Land" schließlich durchgesetzt.[63] Laut Harald Biermann endete mit der „Stationierungsentscheidung des Deutschen Bundestages am 22. November 1983 […] eine der größten Auseinandersetzungen in der westdeutschen Geschichte."[64] Kohl sieht die Bedeutung des Beschlusses vor allem in der symbolischen Kraft gegenüber der Sowjetunion. Wäre der Beschluss nicht durchgesetzt worden, so Kohl, wäre die Mauer 1989 nicht gefallen und die Weltpolitik an sich hätte eine ganz andere Entwicklung genommen. Das größte Risiko dabei sei gewesen, dass ohne den NATO-Doppelbeschluss eine massive Machtverschiebung in Europa zugunsten der Sowjetunion wahrscheinlich gewesen wäre. Als Folge hätte sich die NATO mit den Amerikanern schrittweise aus Kerneuropa zurückgezogen. Dies hätte der Sowjetunion Tür und Tor geöffnet, um ihren Einflussbereich in Europa drastisch auszudehnen.[65]

Besonders deutlich wird Kohls Ärger über seine innerparteilichen „Gegner", die von den deutschlandpolitischen Grundpositionen abgewichen seien. Namentlich nennt der Kanzler dabei Heiner Geißler, Lothar Späth, Kurt Biedenkopf, Walther Leisler Kiep, Rita Süssmuth und auch Norbert Blüm, die vor dem Bremer Parteitag im September 1989 einen Putsch gegen Kohl vorbereitet hätten, um die CDU weiter

---

[63] Kohl: a.a.O., ebd.
[64] Biermann, Harald: NATO-Doppelbeschluss 1979. Westliche Defensive oder Todesstoß für den Osten?, in: Andreas Rödder (Hrsg.): Deutschland in der Welt, Göttingen 2010, S. 83-96, hier S. 94.
[65] Vgl. Kohl: Erinnerungen, S. 15.

nach links rücken zu können. Sie seien Opfer des Zeitgeistes geworden und hätten die deutsche Einheit zu diesem Zeitpunkt aufgegeben. Bei einem erfolgreichen Putsch wären die klaren Positionen der Deutschlandpolitik in der CDU in Frage gestellt worden.[66] Gegenüber der Opposition argumentiert Kohl freilich noch weitaus schärfer. Ideen einer endgültigen Zweistaatlichkeit hätten in der Opposition durchaus Anhänger gefunden. Das größte Versagen der SPD sei gewesen, dass sie sich in dieser entscheidenden Zeit nicht zu einer klaren Ausrichtung ihrer Deutschlandpolitik habe positionieren können oder wollen:

„In der kritischen Phase 1989/90 wurde mir einmal mehr bewusst, dass die traditionsreiche Volkspartei SPD, einst engagierter Anwalt der Freiheit, eine zentrale Lehre der Geschichte verdrängt hatte: Die Zeit arbeitet immer für, nicht gegen die Sache der Freiheit.“[67]

Auch gegen vermeintliche Kritik in Bezug auf ein ambivalentes Verhalten in der Deutschlandpolitik zwischen Westbindung und Annäherung versucht Kohl, jegliche Angriffsfläche zu vermeiden. Dass er beispielsweise die noch unter Bundeskanzler Helmut Schmidt ausgesprochene Einladung an SED-Generalsekretär Honecker aufrechterhielt und selbigen 1987 in Bonn empfing, habe vorrangig zwei Beweggründe gehabt. Zum einen sei es notwendig gewesen, mit dem anderen Teil Deutschlands weiter im Dialog zu bleiben. Zum anderen habe Kohl dabei die Gelegenheit genutzt, dass der Besuch und die Tischrede beim offiziellen Abendessen nicht nur in der BRD,

---

[66] Vgl. Kohl: a.a.O., S. 53 u. S. 75.
[67] Vgl. Kohl: a.a.O., S. 75.

sondern eben auch in der DDR live übertragen wurde. Millionen Menschen hätten so die Möglichkeit gehabt am Fernsehen mitzuerleben, wie der deutsche Bundeskanzler gegenüber Honecker zum Ausdruck brachte, dass der Gedanke und Glaube an Einheit und Freiheit in der BRD nach wie vor präsent sei. Man sei sich sicher, dass dies dem Wunsch und der Sehnsucht der Menschen in Deutschland entspreche.[68] Auch der von Franz-Josef-Strauß initiierte und maßgeblich über Kohls Rückendeckung gelaufene Milliardenkredit an die DDR sei ein wichtiges Signal nach innen wie nach außen gewesen.[69] Denn hiermit habe man den nötigen Gesprächsfaden und die Dialogbereitschaft wieder aufgenommen. Andererseits sei es dabei vielmehr um „erhebliche menschliche Erleichterungen" gegangen, auf welche sich die SED im Gegenzug bekennen musste. Als Beispiel hierfür nennt Kohl z.B. „den Abbau der Selbstschussanlagen an der innerdeutschen Grenze, Erleichterungen bei der Familienzusammenführung und beim Mindestumtausch."[70]

Ebenso habe Kohl in der Europapolitik stets eine klare Linie verfolgt. Wiederum sei er hier der „Adenauerschen Logik" gefolgt. Die Europäische Einigung und deutsche Einheit seien demnach zwei Seiten

---

[68] Vgl. Kohl: a.a.O., S. 17.

[69] Zu dem von Franz-Josef-Strauß initiierten Kredit z.B. Kittel, Manfred: Strauß' Milliardenkredit für die DDR. Leistung und Gegenleistung in den innerdeutschen Beziehungen, in: Udo Wengst u. Hermann Wentker (Hrsg.): Das doppelte Deutschland. 40 Jahre Systemkonkurrenz (Eine Veröffentlichung des Instituts für Zeitgeschichte), Berlin 2008, S. 307-332.

[70] Kohl: Erinnerungen, S. 14f.

derselben Medaille. Kohl zufolge sei zu Beginn seiner Kanzlerschaft der europäische Einigungsprozess an einem Tiefpunkt angelangt gewesen. Mit Überzeugung und großer Ausdauer seiner Regierung sei man „Schritt für Schritt und gegen Kleinmut und Ängstlichkeit der Skeptiker auf dem europäischen Einigungsweg vorangegangen."[71]

Auf der Sondersitzung des Europäischen Parlaments in Straßburg am 22. November 1989 wurde eine Resolution verabschiedet, die Kohl als eine wichtige Voraussetzung für den Prozess der deutschen Einheit und europäischen Einigung betrachtet. Diese Resolution sei vor allem auf sein Drängen und seinen persönlichen Einsatz zurückzuführen. In Straßburg habe der Bundeskanzler eindringlich und leidenschaftlich darauf hingewiesen, dass es einen engen Zusammenhang zwischen europäischer Spaltung und deutscher Teilung gebe. Die deutsche Frage könne demnach nur in einem gesamteuropäischen Kontext gelöst werden.[72]

2.2.3 Dresden: Die Macht der Worte!!

Kohl legte stets großen Wert auf die psychologische Komponente in der Politik.[73] Aus diesem Grunde nennt der Kanzler ausdrücklich seine

---

[71] Kohl: a.a.O, S. 14.
[72] Vgl. Kohl: a.a.O., S. 113.
[73] Vgl. Rödder, Andreas: Wiedervereinigung 1989/90. Deutsche Revolution und internationale Ordnung, in: Andreas Rödder und Wolfgang Elz (Hrsg.): Deutschland in der Welt. Weichenstellungen in

Rede vor der Ruine der Dresdner Frauenkirche am 19. Dezember 1989 ein „Schlüsselerlebnis" auf dem Weg zur Einheit. Als Kohl mit einigen Begleitern auf der „holprigen Betonpiste des Flughafen Dresden-Klotzsche" landete, habe ihm sein Gefühl schlagartig gesagt: „Die Einheit kommt!".[74] Kohl scheint dabei von den Menschenmassen begeistert und emotional sehr ergriffen gewesen zu sein. Teltschiks Aufzeichnungen vermitteln einen Eindruck der Szenerie und Atmosphäre an diesem Tag:

„Als wir auf das Rollfeld hinaustreten, rufen und winken bereits Hunderte von Menschen aus den Fenstern des Flughafen-Gebäudes, von den Dächern der Flugzeughallen und am Rande des Flugfeldes. Sie schwenken bundesdeutsche Fahnen und die grün-weiße Sachsens. [...] Tausende säumen die Straßen [...]. Sie klatschen, winken mit großen weißen Tüchern, lachen , freuen sich [...]."[75]

Kohl behauptet, die Rede in Dresden sei ursprünglich gar nicht geplant gewesen und deutet somit an, er habe sie aus dem Stegreif gehalten.[76] Jedoch erscheint es unwahrscheinlich, dass zuvor keinerlei Vorbereitungen unternommen worden waren und Kohl die Rede de facto völlig spontan hielt. Der psychologischen und emotionalen Bedeutung soll dies aber nichts abtun.[77] So stieg der Kanzler, nach eigenen Aussagen mit nur einigen wenigen Notizen in der Tasche auf

---

der Geschichte der Bundesrepublik, Göttingen 2010, S. 97-112, hier 107.

[74] Kohl: Erinnerungen, S. 148.

[75] Teltschik, Horst: 329 Tage, S. 87.

[76] Vgl. Kohl: Erinnerungen, S. 148.

[77] So auch Rödder: Wiedervereinigung, S. 103.

die kleine, provisorische Bühne. Die Stimmung, so Kohl, sei eine „unglaubliche, emotionsgeladene, aber überhaupt nicht fanatische" gewesen.[78]

„Als ich die Treppe zur Holztribüne hinaufstieg, spürte ich, welch große Hoffnungen und Erwartungen die Menschen in mich setzten. [...] Ich hatte den Eindruck, dass die vor der Ruine der Frauenkirche Versammelten schon auf ein vereintes Deutschland blickten. [...] [Die] Begeisterung, als ich den Menschen die sich dadurch eröffnenden Perspektiven aufzeigte war geradezu unbeschreiblich [...].[79]

Kohl vermittelt in seinen Erinnerungen dabei den Eindruck, dass er aufgrund seines Gespürs für Menschlichkeit und seines historischen Bewusstseins symbolisch in diesem Moment alles richtig gemacht habe. Vor allem aber habe er – und auch deshalb betont er immer wieder die Rede aus dem Stegreif gehalten zu haben – stets die richtigen Worte gefunden zu haben, um „die Begeisterung auf dem Platz nicht überborden zu lassen"[80] und die auf Deutschland blickende Welt nicht zu verunsichern. Deshalb habe er nüchterne Worte gewählt und trotz aller Freude und Hoffnung in diesem höchst emotionalen Moment auch auf den vor Deutschland schwierigen und langwierigen Weg in eine gemeinsame Zukunft hingewiesen.[81] Dass der Kanzler tief ergriffen war, wird spätestens durch das Zittern in Kohls Stimme beim Abschluss seiner Rede deutlich. Tatsächlich hatte Kohl sichtlich Mühe

---

[78] Kohl: Erinnerungen, S. 151.
[79] Kohl: a.a.O., S. 153.
[80] Kohl: a.a.O., S. 154.
[81] Vgl. Kohl: a.a.O., S. 154.

seine Worte zu Ende zu sprechen. Teltschik schildert dies sehr treffend: „Dem Kanzler selbst schnürt es die Kehle zu, als er seine Ansprache mit den Worten beendet: 'Gott segne unser deutsches Vaterland'."[82] Die Rede sei deshalb so schwierig gewesen, weil Kohl in der aufgeheizten Stimmung „ein Wort der Treue und Besonnenheit" finden musste, andererseits aber durfte er „keine Formulierung wählen, die im Ausland auch nur den geringsten Anlass gegeben hätte, zu glauben, dass wir Deutschen einen unverständlichen Alleingang unternehmen würden."[83]

2.2.4 Der Zehn-Punkte-Plan

Am 21. November 1989 traf Teltschik auf Nikolai Portugalow, Mitglied des ZK der KPdSU und Mitarbeiter des früheren Botschafters in Bonn, Valentin Falin. In dem Gespräch sprach Portugalow überraschenderweise sehr deutlich die Fragen nach der künftigen Zusammenarbeit der beiden deutschen Staaten, einer möglichen Wiedervereinigung und der Allianzzugehörigkeit an. Teltschik war völlig überrascht und regelrecht „elektrisiert". Wie weit, so fragte er sich, „sind die Überlegungen in der sowjetsichen Führung zur deutschen Einheit schon vorangeschritten?"[84] Anschließend habe er sofort den Kanzler unterrichtet und ihm verdeutlicht, dass es höchste

---

[82] Teltschik: 329 Tage, S. 91.
[83] Kohl: Erinnerungen, S. 10.
[84] Teltschik: 329 Tage, S. 44.

Zeit sei, in die Offensive zu gehen. Der Bundeskanzler müsse nun die Meinungsführerschaft in Fragen der deutschen Einheit übernehmen.[85] Damit war der Weg für den Zehn-Punkte-Plan geebnet.

Helmut Kohls Schritt mit seinem Zehn-Punkte-Plan war ein äußerst kühner wie gefährlicher, mit dem er ein großes Risiko einging. Wie noch zu zeigen sein wird, war er durch seinen Alleingang nicht weit davon entfernt, sowohl innerhalb der Koalition als natürlich auch außenpolitisch, ein Sprengfeuer zu zünden. Nichtsdestotrotz oder eben genau deshalb blickt Kohl mit großem Stolz auf seinen Zehn-Punkte-Plan zurück und argumentiert, es habe keine Alternative dazu gegeben. Es war, so Kohl, an der Zeit in die Offensive zu gehen und ein klares Programm für den Weg zur Einheit Deutschlands aufzuzeigen.[86]

Ein Dorn im Auge sei Kohl vor allem Hans Modrows Vorschlag einer Konföderation beider deutscher Staaten gewesen, gleichbedeutend mit einem Zusammenschluss souveräner, unabhängiger Staaten. Modrows Vorschlag habe auf den ersten Blick gut geklungen, bei näherer Betrachtung sei aber ersichtlich geworden, dass es sich um ein Ablenkungsmanöver gehandelt habe, um den auf der SED-Führung lastenden Druck abzuschwächen. Die von Modrow vorgeschlagene Vertragsgemeinschaft hätte letzten Endes die Zweistaatlichkeit festgeschrieben. Kohl hingegen sei es zunächst um konföderative Strukturen mit dem langfristigen Ziel einer Föderation und der staatlichen Einheit Deutschlands gegangen. Deshalb habe er sofort

---

[85] Teltschik: a.a.O., ebd.
[86] Vgl. Kohl: Erinnerungen, S. 108.

handeln und Modrow entgegentreten müssen. Unter Leitung von Horst Teltschik wurde eine Arbeitsgruppe eingesetzt, welche die innerdeutsche und internationale Lage analysieren sollte. Wie Kohl bemerkt, habe Teltschik die Idee gehabt, die Leitlinien in Form von zehn Punkten zusammenzufassen. Dabei sollte es um den Weg von der Vertragsgemeinschaft über die Konföderation hin zur Föderation gehen. Ein erster Entwurf wurde Kohl nach Ludwigshafen gebracht. Kohl habe etliche Teile, vor allem die Kernpassagen zur Konföderation und Föderation, zum großen Teil neu formuliert.[87]

Als Kohl schließlich am 28. November 1989 seinen Zehn-Punkte-Plan vor dem Deutschen Bundestag vortrug, herrschte eine eher angespannte Lage. Dies lag daran, dass Kohl weder seine eigene Partei noch seinen Koalitionspartner (auch nicht Außenminister Genscher), geschweige denn die Verbündeten über seinen Plan vorab informiert hatte. Kohl rechtfertigt dies folgendermaßen:

„Hätte ich die Zehn Punkte innerhalb der Koalition oder gar mit unseren Verbündeten abgestimmt, wären sie am Ende völlig zerredet worden. Jetzt war nicht die Stunde der Bedenkenträger, jetzt war die Stunde der Offensive. Es war der Moment, in dem der deutsche Bundeskanzler sich die Initiative in Richtung deutsche Einheit nicht mehr aus der Hand nehmen lassen durfte. "[88]

Aus diesem Grunde habe Kohl also lediglich in groben Zügen den CDU-Vorstand informiert, ohne dabei Details zu nennen. Ebenso habe er ein paar Presseleute von der Frankfurter Allgemeinen Zeitung sowie

---

[87] Vgl. Kohl: a.a.O., S. 114f.
[88] Kohl: Erinnerungen, S. 121.

der Süddeutschen Zeitung eingeladen. Kohl lässt heute keinen Zweifel daran, dass sein Vorgehen die einzig richtige Entscheidung gewesen sei, da er damit die Meinungsführerschaft in der deutschen Frage an sich gerissen habe. Der gegen Kohls Alleingang geäußerten Kritik aus London, Paris und Moskau tritt der Kanzler mit der Feststellung entgegen, dass sein Zehn-Punkte-Plan ein klares Bekenntnis zu Europa gewesen sei. Stets habe er dabei betont, dass die künftige Architektur Deutschlands sich in Gesamteuropa einfügen müsse. Darüber hinaus habe Kohl auch immer die Wichtigkeit des KSZE-Prozesses und dessen Herzstück der gesamteuropäischen Struktur betont.[89]

Aus Rücksichtnahme gegenüber Moskau habe Kohl bewusst die Frage der Bündniszugehörigkeit im Zehn-Punkte-Plan nicht erwähnt.

„Natürlich war mir klar, dass diese Frage früher oder später auf uns zukommen würde, und für mich stand fest, dass ein Austritt aus der Nato niemals der Preis für die Wiedervereinigung sein durfte. Aber dieses Thema in diesem Augenblick hochzuspielen wäre töricht gewesen und hätte den Kreml möglicherweise dazu veranlasst, die Notbremse zu ziehen."[90]

Der Kanzler hatte die Zehn Punkte überzeugend vorgetragen. Die Abgeordneten der Union erhoben sich. Mit Ausnahme der Grünen kam es auch parteiübergreifend zu breiter Zustimmung.[91] Genscher habe die Ausführungen des Kanzlers umgehend gelobt.[92] Wie aus Genschers

---

[89] Vgl. Kohl: a.a.O., S. 118f.
[90] Kohl: Erinnerungen, S. 120.
[91] Vgl. Teltschik: 329 Tage, S. 57.
[92] Vgl. Dieckmann: Kohl. Ich wollte Deutschlands Einheit, S. 157.

Äußerungen ersichtlich wird, war er allerdings nicht nur vom Alleingang des Kanzlers verstimmt, sondern auch mit dem Inhalt nur teilweise einverstanden. Vor allem fürchtete Genscher die Reaktionen der Verbündeten.[93]

Der deutsche Bundeskanzler hatte nun die Meinungsführerschaft im deutschlandpolitischen Kurs vollkommen an sich gerissen. Dass es auch hier wiederum auf seine eigene Person angekommen sei, verdeutlicht Kohl mit der Feststellung, dass es selbst in Reihen der Union einige „Überängstliche" gegeben habe. Diese hätten davor gewarnt, Kohl „sei mit dem Programm über das Ziel hinausgeschossen."[94]

Insgesamt skizziert Kohl in seinen Erinnerungen das Bild, dass es zum Zehn-Punkte-Plan keine Alternative gegeben habe. Damit sei ein klares Zeichen für den Weg zur Wiedervereinigung in einem gesamteuropäischen Rahmen gegeben worden.

---

[93] Vgl. Genscher, Hans-Dietrich: Erinnerungen, Berlin 1995, S. 672.
[94] Vgl. Kohl: Erinnerungen, S. 125.

Gespräche in Moskau

Das zu Gorbatschow aufgebaute Vertrauen sei vor allem auch für den erfolgsversprechenden Ausgang beim Gespräch in Moskau am 10. Februar 1990 ausschlaggebend gewesen. Aus dem Kreml waren seit Januar 1990 immer wieder Signale gekommen, die auf einen leichten Kurswechsel in Richtung mögliche deutsche Einheit Rückschlüsse erlaubten. Vor dem Besuch in Moskau habe sich Kohl intensiv mit der amerikanischen Regierung abgestimmt. Außenminister Baker habe Kohl mitgeteilt, dass Gorbatschow und Schewardnadse die deutsche Einheit mittlerweile als unabwendbar ansähen. Allerdings habe Moskau große Sorgen, dass die Situation außer Kontrolle geraten könne und es stünden weiterhin offene Fragen im Raum – allen voran die Frage der künftigen Bündniszugehörigkeit eines vereinten Deutschlands – die bis dato nur schwer zu überbrücken seien. Auch um Moskau etwas mehr Vertrauen abzugewinnen, habe Baker Gorbatschow Zwei-plus-Vier-Gespräche vorgeschlagen, um für die äußeren Aspekte der deutschen Einheit einen brauchbaren Mechanismus zu schaffen.[95] Laut Teltschik habe Gorbatschow diesen Vorschlag „als denkbar bezeichnet, sich aber nicht festgelegt."[96] Mit diesem Vorwissen und der Gewissheit über die uneingeschränkte Unterstützung der USA traf Kohl nun auf Michail Gorbatschow. Die Atmosphäre, so Kohl, sei an diesem Nachmittag des 10.Februar 1990 anfangs sehr angespannt gewesen und der sowjetische Generalsekretär

---

[95] Vgl. Kohl: Erinnerungen, S. 199.
[96] Teltschik: 329 Tage, S. 138.

habe ihn kühl begrüßt. Aus den Gesprächsprotokollen wird ersichtlich, dass Kohl an die menschliche und emotionale Seite Gorbatschows appellierte, indem er die Aufmerksamkeit auf die dramatische Lage in der DDR lenkt.[97] Kohl habe eindringlich über die Situation der Übersiedler gesprochen. Im Januar sei dies eine Zahl von 55000 Menschen gewesen und für den Februar erwarte man bis zu 70000. Aus diesem Grunde sei es auch so wichtig gewesen, die Volkskammerwahl in der DDR vom 6. Mai auf den 18. März vorzuziehen. Daraufhin habe der Kanzler Gorbatschow „klipp und klar [gesagt], dass die Entwicklung in Richtung deutsche Einheit unaufhaltsam auf uns zulaufe."[98]

Laut Teltschik habe Kohl auch auf die großen Sympathien hingewiesen, die Gorbatschow in der BRD genieße. Die persönliche Sympathie habe dem Gesprächsverlauf wichtige Impulse gegeben. Zwar habe man dem sowjetischen Generalsekretär angesehen, dass ihm die letzten Wochen psychisch und physisch einiges abverlangt hätten, doch im Verlaufe des Gespräches habe er immer mehr scherzhafte Bemerkungen eingeworfen.[99] Kohl erwähnt in seinen Erinnerungen, dass er gegenüber Gorbatschow den ausdrücklichen Wunsch geäußert habe, mit ihm ganz persönlich das nächste Jahrzehnt „so zu gestalten, dass wir am Ende beweisen könnten, dass wir beide

---

[97] Hierzu das Vieraugengespräch Gorbatschow-Kohl vom 10. Februar 1990, in Galkin: Sowjetische Dokumente, S. 317-336, hier insb. 317-319. Ebenso Küsters: Dokumente Deutschlandpolitik, S. 795-813.
[98] Kohl: Erinnerungen, S. 202.
[99] Vgl. Teltschik: 329 Tage, S. 139.

aus der Geschichte gelernt hätten."[100] Im weiteren Gespräch wurden sämtliche Punkte angesprochen, von der inneren Einbettung der Wiedervereinigung über die Grenzfrage zu Polen bis hin zur Bündnisfrage.[101] Anschließend habe Gorbatschow die entscheidenden Sätze gesprochen, bei denen Horst Teltschik eigenen Aussagen nach nur noch die Hand über das Papier flog, um auch jedes einzelne Wort dieses historischen Augenblicks mitzuschreiben und nichts zu überhören.[102] Zwischen der Sowjetunion, der BRD und DDR gebe es, so Gorbatschow, keine Meinungsunterschiede über das Recht der Menschen, die Einheit anzustreben und über die weitere Entwicklung zu entscheiden. Er stimme mit dem deutschen Bundeskanzler überein, dass die Deutschen ihre Wahl selbst treffen müssten.[103] Während Kohl äußerlich einen nüchternen Eindruck vermittelte, konnte Teltschik seine Emotionen nur schwer verbergen. Während er die Worte Gorbatschows mitschrieb, habe er innerlich gejubelt: „Das ist der Durchbruch! Gorbatschow stimmt der Einigung Deutschlands zu. Ein Triumph für Helmut Kohl, der als Kanzler der deutschen Einheit in die Geschichte eingehen wird."[104] Die Einheit war damit jedoch noch nicht erreicht und Kohl weist deshalb auch darauf hin, dass Gorbatschow nicht müde geworden sei nach wie vor das Hauptproblem, namentlich die militärische Frage, anzusprechen. Ein vereintes Deutschland als

---

[100] Kohl: Erinnerungen, S. 203.

[101] Vgl. hierzu auch die sowjetischen Gesprächsprotokolle, in: Galkin: Sowjetische Dokumente, S. 317-332.

[102] Vgl. Teltschik: 329 Tage, S. 140.

[103] Vgl. Kohl: Erinnerungen, S. 204.

[104] Teltschik: Erinnerungen, S. 140.

volles Mitglied in der NATO sei für Moskau undenkbar. Kohl selbst sei völlig klar gewesen, dass er zu diesem Zeitpunkt in dieser Frage von Moskau kein Entgegenkommen erwarten konnte. Nun habe Kohl auf die von James Baker angeregte Zwei-plus-Vier Idee erinnert und sich vergewissert, dass er in dieser Angelegenheit mit Gorbatschow bzgl. des Selbstbestimmungsrechts vollkommen übereinstimme. Das Gespräch in Moskau sei ein weiterer Meilenstein auf dem Weg zur Einheit gewesen.

„Wir hatten Gorbatschows Zustimmung zum Zwei-plus-Vier-Prozess und vor allem auch sein grünes Licht dafür, die inneren Aspekte der deutschen Einheit selbst zu regeln. [...] Wir waren auf unserem schwierigen Weg zur Einheit unseres Vaterlandes wieder ein gutes Stück vorangekommen."[105]

Für Teltschik war das Gespräch rundum ein einziger Erfolg. Er spricht von einer Sensation und notierte dazu: „Welch ein Treffen!"[106] Kohl merkt an, dass er sich nicht erinnern könne, bei einem Moskau-Besuch jemals so gelöst gewesen zu sein.[107] Die Stimmung lässt sich noch heute an den Videoaufnahmen der anschließenden Pressekonferenz im Katharinensaal des Kreml nachvollziehen. Von den zuvor nicht zu erwartenden Fortschritten des Gesprächs noch sichtlich berührt und erfreut, tauschen sich Kohl und Genscher noch kurz aus. Dabei vergessen sie die bereits eingeschalteten Mikrofone. Genscher spricht

---

[105] Kohl: Erinnerungen, S. 206, auch 204f.
[106] Teltschik: 329 Tage, S. 141.
[107] Vgl. Kohl: Erinnerungen, S. 206.

rückblickend von einer „geschichtlichen Zäsur",[108] deren Bedeutung durch den ungewollt aufgezeichneten Dialog zwischen Kohl und Genscher besonders auf menschlicher Ebene nachvollziehbar wird. Während sich die anwesenden Photographen und Journalisten noch bestmöglich positionieren, ist zwischen Kanzler und Außenminister folgender Dialog zu hören:

Kohl: „Gibst du mir mal ein bisschen Wasser?"

Genscher: „Jetzt gib mir erstmal deine Hand!" *Kohl und Genscher reichen sich die Hand. Genscher flüstert Kohl etwas zu.*

Kohl: „Ja, das können wir heute sagen. Sehr gut!"

Kohl *(sichtlich erfreut, dreht sich zu Genscher)*: „Eigentlich müssten wir uns heute besaufen!"

Genscher kann sich daraufhin ein leichtes Grinsen nicht verkneifen.[109]

Während in diesem Dialog die menschliche Seite und Freude zum Ausdruck kommt, ist umso auffälliger, wie schnell der Kanzler nur Momente später, als er sich gegenüber den Journalisten äußert, auf die sachliche Schiene zurückeilte. Fast schon geschäftsmäßig und so gut

---

[108] Genscher: Erinnerungen, S. 724.

[109] Aus der Filmreihe *Deutsche Bundeskanzler*, „Helmut Kohl: Der Patriot", Guido Knopp und Stefan Brauburger (1999). Die Zielgruppe der Dokumentation ist freilich kein wissenschaftliches Publikum und erscheint an mancher Stelle als extrem verkürzt und mitunter verzerrt. Die Gesprächsaufzeichnungen Aussagen der „alten" Parteifreunde Kohls sind allerdings durchaus verwertbar. Hierzu auch eine Darstellung des öffentlich-rechtlichen Fernsehsenders Phoenix: http://www.phoenix.de/content/phoenix/die_sendungen/dokumentati onen/deutsche_bundeskanzler/95721?datum=2009-05-10 (Stand: 24.02.2012).

wie keinerlei Emotion zeigend, führte Kohl die Ergebnisse des Gespräches mit Gorbatschow aus. Teltschik war mit der Vortragsweise Kohls sehr unzufrieden. Bereits bei der Vorbereitung des Textes habe Teltschik den Kanzler mehrmals unterbrochen, da er mit dessen Diktat unzufrieden gewesen sei.

„Ich glaube nicht richtig zu hören – es klingt wie ein geschäftsmäßiger Bericht über ein Routinegespräch. Wie kann man einen solchen Riesenerfolg so verkaufen wollen? Ich unterbreche den Kanzler, protestiere und fange selbst an, laut zu formulieren. Kohl ist einverstanden. "[110]

Doch der anschließende Vortrag auf der Pressekonferenz sei viel zu sachlich gewesen und Teltschik hätte sich darin mehr Dramatik gewünscht. Aus diesem Grunde hätten die anwesenden Journalisten auch gar nicht begriffen, welch sensationelle Nachricht der Kanzler soeben überbracht habe.[111]

Vergleicht man die Fernsehbilder kurz vor der offiziellen Verlautbarung und der Art und Weise, wie der Kanzler den Erfolg schließlich präsentierte, wird durchaus ersichtlich, dass zwischen dem inneren Gefühlsleben Kohls und seinem äußeren Erscheinungsbild in diesem Moment die Diskrepanz kaum hätte größer sein können. Für Kohl scheint aber in diesem Augenblick wichtig gewesen zu sein, v.a. auch gegenüber den Empfindungen Moskaus, die starken Emotionen nicht öffentlich zu zeigen. Trotz der enormen historischen Bedeutung

---

[110] Teltschik: 329 Tage, S. 142.
[111] Aus „Helmut Kohl: Der Patriot", dazu auch Teltschik: 329 Tage, S. 142.

sei sich Kohl bewusst gewesen, „dass jetzt nicht Überschwang der Gefühle, sondern Einigkeit und Augenmaß geboten waren."[112]

2.2.5 Die Bildung eines Wahlbündnisses im Osten

Um den Weg zur Wiedervereinigung zu ermöglichen sei es unabdingbar gewesen, sich auf Punkt Drei des Zehn-Punkte-Programms zu stützen, der die Wahl der freien Selbstbestimmung vorsah. Entscheidend dafür sei gewesen, wer in der DDR künftig der Partner der CDU werden würde. Auch in diesem Punkt betont Kohl seinen unermüdlichen Einsatz, den er für ein aussichtsreiches Bündnis aufgebracht habe. Der Anfang sei sehr schwierig gewesen, da auch die Ost-CDU die SED-Diktatur ja mitgetragen habe. Außerdem macht Kohl keinen Hehl daraus, dass er selbst während der DDR-Zeit kein Interesse an politischen Beziehungen im Osten gehabt habe. So wie sich die Ost-CDU Ende 1989 und Anfang 1990 dargestellt hatte, wäre sie jedenfalls ein Garant für eine schwere Niederlage gewesen. Nun sei es an der CDU im Westen gewesen, Farbe zu bekennen und ein Bündnis im Osten zu formen, mit dem man die Wahlen gewinnen würde und somit den Weg zur deutschen Einheit bestreiten könne. Von nun an habe der Kanzler einen Großteil seiner Kraft für die Zusammenführung eines bürgerlichen Lagers im Osten aufgewandt.[113]

---

[112] Kohl: Erinnerungen, S. 209.
[113] Vgl. Kohl: a.a.O., S. 179f.

Zum Demokratischen Aufbruch und der Deutschen Forumspartei habe die CDU hingegen bereits gute Kontakte gehabt. So habe sich Kohl darum bemüht, diese beiden Gruppierungen mit der Ost-CDU und der noch recht jungen Deutschen Sozialen Union zusammenzubringen. Der Zeitdruck dazu sei ohnehin schon enorm gewesen und erhöhte sich darüber hinaus noch durch die Vorverlegung der ersten freien Wahlen vom 6. Mai auf den 18. März. Schon bald sollte sich aber zeigen, dass die geplante Zusammenführung alles andere als einfach werden würde. Laut Kohl habe keiner dem anderen getraut und jeder habe gedacht, selbst der Größte zu sein. Nun habe der Kanzler dazwischen gehen müssen. Große Unstimmigkeiten habe es zuvor gegeben. Doch schließlich sei auf Kohls Drängen eine Übereinkunft zum Wahlbündnis „Allianz für Deutschland" getroffen worden. Dass sich die bürgerlichen Kräfte darauf einigen konnten, sei in diesem Moment der größte Erfolg der Arbeit des Kanzlers gewesen. Ebenso wichtig sei nach Gründung des Bündnisses das klare Bekenntnis zu einem Beitritt der DDR zur BRD nach Artikel 23 des Grundgesetzes gewesen.[114] Kohl lässt an dieser Stelle nicht unerwähnt, dass der unermüdliche Einsatz vieler CDU-Mitglieder aus dem Westen ebenso wichtig gewesen sei. Viele hätten sogar extra Urlaub genommen, um sich persönlich zu engagieren und die neuen Partner in der Allianz für

---

[114] Ausführlich hierzu der Beschluss der Volkskammer der DDR über den Beitritt und Geltungsbereich des Grundgesetzes der BRD vom 23. August 1990, in: von Münch, Ingo (Hrsg.): Dokumente der Wiedervereinigung Deutschlands. Quellentexte zum Prozess der Wiedervereinigung. Stuttgart 1991, S. 326.

Deutschland zu unterstützen. Kohl sei überaus stolz auf seine Parteifreunde gewesen und selten habe Politik so viel Spaß gemacht.[115]

Diese Kraftanstrengung für ein gemeinsames Wahlbündnis sei eine notwendige Voraussetzung gewesen, um einen mühsamen aber erfolgreichen Wahlkampf zu führen. Schließlich habe es sich um nicht weniger als eine Schicksalswahl für ganz Deutschland gehandelt. Von den eher düsteren Prognosen, die ursprünglich der SPD einen klaren Sieg vorausgesagt hatten, scheint der Kanzler umso mehr beflügelt und motiviert worden zu sein. Bei seinen zahlreichen Wahlkampfauftritten habe Kohl die Begeisterung der Menschen im Osten deutlich spüren können und kurz vor der Wahl sei er zu der Überzeugung gekommen, dass die Stimmung zugunsten der Allianz kippen würde.[116] Und tatsächlich sollte es am 18. März bei der ersten freien Volkskammerwahl zu einer Sensation kommen. Bei einer sehr hohen Wahlbeteiligung von 93,38 Prozent ging die „Allianz für Deutschland" völlig überraschend als Sieger hervor. Die CDU erhielt dabei 40,82 Prozent, die DSU 6,31 Prozent und der DA 0,92 Prozent der Stimmen. Die SPD erlitt mit einem Ergebnis von nur 21,88 Prozent einen Schock.[117]

Teltschik notierte am 18.März 1990 nach den ersten Prognosen zum Wahlausgang in sichtlicher Euphorie: „Die Sensation ist perfekt [...].

---

[115] Vgl. Kohl: Erinnerungen, S. 182f.
[116] Vgl. Kohl: a.a.O., S. 225f.
[117] Vgl. Lehmann, Hans-Georg (Hrsg.): Deutschland-Chronik. 1945 bis 2000. Bonn 2002, S. 391.

Wer hätte das erwartet? […] Wir sind uns einig, da[ss] [Kohl] einen persönlichen Triumph erlebt – seine Wahlkampfauftritte scheinen die Wende herbeigeführt zu haben.“[118] Natürlich war Kohl hochzufrieden und fühlte sich in seiner Deutschlandpolitik mehr als bestätigt.

„Voller Zufriedenheit blickte ich auf die zurückliegenden Wochen, die wie im Flug vergangen und auch oft bis an die Grenzen der Belastbarkeit gegangen waren: Innerhalb kürzester Zeit hatte ich ein Wahlbündnis aus untereinander zerstrittenen Parteien geschmiedet, und nach einem anstrengenden Spurt hatten die Allianzparteien die Wahlen überzeugend gewonnen.“[119]

Die Wahlergebnisse konnten in der Tat als eine breite Unterstützung für Kohls Deutschlandpolitik interpretiert werden und somit auch für eine rasche Währungsunion.[120]

2.2.6 Währungs-, Wirtschafts-, und Sozialunion

Am 24. April 1990 traf Kohl zum ersten Mal mit dem frischgewählten DDR-Ministerpräsidenten Lothar de Maizière zusammen, um über die Einführung der Währungs-, Wirtschafts- und Sozialunion zum Stichtag

---

[118] Teltschik: 329 Tage, S. 176.
[119] Kohl: Erinnerungen, S. 227.
[120] Vgl. Lehmann: Deutschland-Chronik, S. 391.

1. Juli zu sprechen. Nach eigenem Bekunden sei Kohl von Beginn an bewusst gewesen, dass man in dieser Frage keine Zeit verlieren dürfe und daher das Tempo erhöht werden müsse. Dies sei vor allem deshalb notwendig gewesen, weil sich die Diskussionen innerhalb der Bonner Regierungskoalition über eine gemeinsame Währungsunion als äußerst schwierig und kompliziert erwiesen hätten. Jedenfalls habe Kohl seine Koalition dazu gedrängt, bis Anfang Mai erste Vorstellungen darüber zu erarbeiten, wie eine gemeinsame Währungs-, Wirtschafts- und Sozialunion zu erreichen sei. Eine schnelle Lösung in dieser Angelegenheit war für Kohl auch deshalb so wichtig, weil er ihr eine sehr große symbolische Bedeutung beimaß. Nur durch eine rasche Union, so Kohl, habe man in der Bevölkerung und bei Unternehmen in West und Ost Vertrauen und ein Gefühl der Solidarität schaffen können.[121]

Seiner Schilderung nach sei Kohl von Anfang an gegen einen generellen Umtauschkurs im Verhältnis 1:1 gewesen. Die wirtschaftlichen und finanzpolitischen Folgen müssten genau analysiert werden. Allerdings sei es notwendig gewesen, den Umtauschkurs differenzierter und vor allem auch unter einem psychologischen Aspekt zu sehen.

„Für den normalen Arbeitnehmer, den kleinen Sparer und den Rentner wollte ich die Umstellung von 1:1. Dabei setzte ich auf die enorme politisch-psychologische Bedeutung dieser Formel, mit der wir den Menschen in der DDR klar signalisieren würden, dass es um Solidarität unter

---

[121] Vgl. Kohl: Erinnerungen, S. 250f.

Gleichberechtigten ging, nicht um die herablassende Geste des reichen Vetters gegenüber seinem armen Verwandten. Auch mit Blick auf die soziale Stabilität in der DDR empfand ich ein solches Angebot als richtig und gerechtfertigt."[122]

Daher sollte für die Ersparnisse bis zu einem bestimmten und nach Lebensalter differenziert gestaffeltem Betrag ein Kurs von 1:1 gelten, während für sonstige betriebliche Schulden und andere Forderungen sowie Verbindlichkeiten die Formel 1:2 festgelegt werden sollte.[123]

Den Prozess zu beschleunigen sei auch deshalb so wichtig gewesen, da in den Reihen der SPD und Grünen manche nicht davor zurückgeschreckt hätten, bewusst Ängste in der Bevölkerung zu schüren. In der DDR wurden aus den Reihen von PDS, SPD und Gewerkschaften Stimmen laut, die von einem Ausverkauf der DDR und Kolonialisierung sprachen.[124] Aber auch im Westen hätten sich SPD und weite Teile der Linksintellektuellen äußerst schlecht verhalten. Von Lafontaine bis zu Günter Grass habe sich eine „unheilige Allianz"[125] gegen die Wiedervereinigung gebildet. Kohl habe sich über diese durchaus erfolgsversprechende Wahlkampfstrategie der SPD große Sorgen gemacht. Für die BRD sei

---

[122] Vgl. Kohl: a.a.O., S. 254.

[123] Vgl. hierzu ausführlich das Gesetz zum Vertrag über die Schaffung der Währungs-, Wirtschafts- und Sozialunion vom 18. Mai 1990, in: von Münch: Dokumente Wiedervereinigung, S. 29.

[124] Zum Begriff der Kolonialisierung in diesem Kontext z.B. Vilmar, Fritz (Hrsg.): Zehn Jahre Vereinigungspolitik. Kritische Bilanz und humane Alternativen.

[125] Kohl: Erinnerungen, S. 262.

es, so Kohl, schlicht eine Schande gewesen, dass in dieser Situation kein vernünftiger demokratischer Konsens – wie ihn übrigens auch Willy Brandt wollte – zu erzielen gewesen sei.[126] Kanzlerkandidat Lafontaine habe den Übersiedlern aus der DDR Leistungen verwehren wollen und bewusst populistische Äußerungen von sich gegeben. In dieser historisch so außergewöhnlichen Stunde habe die deutsche Sozialdemokratie ein enttäuschendes Bild abgegeben.[127]

Umso mehr sei sich Kohl seiner politischen wie persönlichen nationalen Pflicht bewusst gewesen. Der Kanzler habe die vielen negativen Prognosen aus Wissenschaft, Wirtschaft und Gewerkschaften sicher nicht ignoriert. Dabei war beispielsweise von zweistelligen Inflationsraten, Steuererhöhungen, steigenden Zinsen sowie einer deutlichen Schwächung der D-Mark die Rede. Auch interne Berichte und Prognosen der Bonner Regierung wussten zwar um mögliche wirtschaftliche Risiken, betonten aber dabei die politische Wichtigkeit der Umsetzung einer Union. „Unser Angebot einer Währungsunion mit der DDR", so heißt es in den Bonner Protokollen, „ist ein klares Signal auf dem Weg zur deutschen Einheit, der wir uns verpflichtet fühlen und die unser verfassungsgemäßes Gebot ist."[128] Mit Argwohn beobachtete Kohl die Argumentation aus Wissenschaft und Wirtschaft als zu einseitig akademisch. Dennoch sei dies nicht seine größte Sorge gewesen, da die Kritik in manchen Bereichen freilich wirtschaftswissenschaftlich begründet gewesen

---

[126] Vgl. Diekmann, Kohl: Ich wollte Deutschlands Einheit, S. 334f.
[127] Vgl. Kohl: Erinnerungen, S. 255f.
[128] Küsters: Dokumente Deutschlandpolitik, S. 768.

sei.[129] Die größte Sorge und den größten Ärger habe Kohl die fehlende Sensibilität für die einmalige historische Bedeutung dieses Schrittes bereitet.

„Nein, mit wachsender Sorge beobachtete ich, wie sehr es an Gespür für die historische Dimension unserer Entscheidung fehlte und wie sehr die Freude über die Wiedervereinigung in der öffentlichen Wahrnehmung völlig in den Hintergrund trat und stattdessen eine einseitige Fixierung auf Kosten und auf mögliche schädliche Folgen für die Bundesrepublik an Gewicht gewann. Offenbar war die deutsche Einheit für die Mehrheit der politischen Klasse in der Bundesrepublik schon längst keine Herzensangelegenheit mehr. "[130]

Kohl sei klar gewesen, dass man anhand der vorherrschenden Diskussionen und dem künstlichen Schüren von Angst nun umso mehr den Prozess der Wiedervereinigung beschleunigen müsse. Im CDU-Bundesvorstand habe Kohl dann mit deutlichen Worten zum Ausdruck gebracht, dass es unter seiner Führung kein Zurückweichen geben werde. Wenn Deutschland in dieser Schicksalsstunde aus rein finanziellen Gründen vor der Einheit zurückweiche, habe die BRD „vor der Geschichte abgedankt."[131]

Erschwerend sei noch hinzu gekommen, dass Lothar de Maizière in einigen Punkten nicht selten näher an Gorbatschows Vorstellungen als

---

[129] Vgl. Kohl: Erinnerungen, S. 268f.
[130] Kohl: Erinnerungen, S. 269.
[131] Vgl. Kohl, a.a.O., ebd.

an denen Kohls gewesen sei. Jedoch habe er Maizière vor allem in den wirtschaftlichen Fragen sehr schnell umstimmen können.[132]

Insgesamt verdeutlichen Kohls Ausführungen, dass seiner Ansicht nach die deutsche Einheit unter einer sozialdemokratisch geführten Regierungskoalition in dieser Form und zu diesem Zeitpunkt nicht erreicht worden wäre. Freilich betont er dabei vor allem sein persönliches Verdienst besonders, da er von Anfang an für eine gemeinsame Währung und Wirtschaft eingetreten sei. Explizit nennt er aber auch Finanzminister Theo Waigel und den damaligen Staatssekretär Horst Köhler, ohne die all dies so nicht möglich gewesen wäre. Mit der Währungs-, Wirtschafts- und Sozialunion habe man Fakten geschaffen. Die Entscheidung dafür, so Kohl, sei eine der risikoreichsten und schwierigsten seiner politischen Laufbahn gewesen. Die Risikobereitschaft und schnellen Entscheidungen seien aber dringend notwendig gewesen.[133] Denn man dürfe nicht vergessen, so Kohl, dass die Tür zur Einheit ja nur einen Spalt breit geöffnet gewesen sei und aufgrund außenpolitischer Veränderungen aber auch innenpolitischen Dissens sehr schnell wieder hätte zufallen können. Daher habe es zu diesem Zeitpunkt für die DDR und BRD keine Alternative gegeben, denn „[b]ildlich gesprochen, fuhr der Zug zur deutschen Einheit damals langsam durch den Bahnhof der deutschen

---

[132] Vgl. Diekmann, Kohl: Ich wollte Deutschlands Einheit, S. 336.
[133] Vgl. Kohl: Erinnerungen, S. 260f.

Geschichte. Wir mu[ss]ten jetzt einsteigen, denn er wäre wohl für lange Zeit nicht mehr wiedergekommen."[134]

Kohl betont die Hartnäckigkeit, Geradlinigkeit und Prinzipientreue, mit der man trotz des starken Gegenwindes an dem großen Ziel der Einheit stets festgehalten habe. An der Bedeutung seiner eigenen Person lässt er dabei keinen Zweifel. Dennoch gesteht Kohl letzten Endes ein, dass ihm bei dem hohen Tempo des Prozesses der deutschen Einheit auch Fehler unterlaufen seien. Es sei, so Kohl, nicht zu leugnen, dass man das Potential der DDR-Wirtschaft maßlos überschätzt habe. Dabei habe man sich meist auf Schätzungen des Deutschen Instituts für Wirtschaftsforschung und weitere Analysen von Berliner Wirtschaftsforschern gestützt. Doch selbst die pessimistischsten Einschätzungen über das reale Produktionskapital und den Wert des volkseigenen Vermögens in der DDR seien von der Realität noch weit entfernt gewesen. Erst im Laufe der kommenden Jahre habe man das wahre Ausmaß bemerkt. Die meisten Schätzungen gingen von einem Netto-Industrievermögen von 600 Milliarden D-Mark im Jahre 1990 aus. Tatsächlich handelte es sich um ein Defizit von 250 Milliarden.[135] Darüber hinaus ging mit dem Zusammenbruch der Sowjetunion ein für die DDR wichtiger Absatzmarkt verloren. Kohl gesteht ein, dies vermutlich nicht ausreichend berücksichtigt zu

---

[134] Diekmann, Kohl: Ich wollte Deutschlands Einheit, S. 335.

[135] Statistiken und weitere Einschätzungen hierzu z.B. bei Hertle, Hans-Hermann: Der Zusammenbruch der DDR-Wirtschaft, in: Niedersächsische Landeszentrale für politische Bildung (Hrsg.): Vom Ende der DDR-Wirtschaft zum Neubeginn in den ostdeutschen Bundesländern. Hannover 1998, S. 11-22.

haben.[136] Sicher habe er sich im Blick auf die blühenden Landschaften im Zeitmaß geirrt. Aber in der Hauptsache eben nicht. Man müsse das heutige Erscheinungsbild der neuen Länder doch nur mit dem von 1990 vergleichen und könne nicht abstreiten, dass man mit dem Aufbau Ost schon sehr weit vorangekommen sei.[137] Und selbst wenn dem Kanzler die desolate wirtschaftliche Lage der DDR im Detail bekannt gewesen wäre, hätte er in den wesentlichen Punkten genauso gehandelt und entschieden. Es habe letzten Endes keine Alternative gegeben, denn der Preis einer Verzögerung hätte sowohl politisch als auch wirtschaftlich weitaus schwerer gewogen als manch finanzielle Bürde.[138] Die Vorarbeit zur innerdeutschen Währungs-, Wirtschafts- und Sozialunion gehöre für Kohl zu den größten Leistungen der modernen deutschen Wirtschaftsgeschichte.[139]

2.2.7 Die Bündnisfrage, Zwei-plus-Vier und die Entscheidung um Finanzhilfen für Moskau

In der Sowjetunion sah man sich 1990 neben großen wirtschaftlichen Schwierigkeiten vor allem mit den Unabhängigkeitsbestrebungen Litauens konfrontiert. Hier ergriff Kohl die Initiative und versuchte, die Verhandlungen über Kredithilfen stets dafür einzusetzen,

---

[136] Vgl. Kohl: Erinnerungen, S. 271-274.
[137] Vgl. Diekmann, Kohl: Ich wollte Deutschlands Einheit, S. 346.
[138] Vgl. Kohl: Erinnerungen, S. 271f.
[139] Vgl. Diekmann, Kohl: Ich wollte Deutschlands Einheit, S. 342. Ferner: Kohl, Erinnerungen: S. 257.

Gorbatschow zu einem Entgegenkommen und Einlenken in dessen strikten Nein zur NATO-Mitgliedschaft eines vereinten Deutschlands zu bewegen. Kohl habe die Situation und Taktik Gorbatschows nach eigenem Bekunden sehr früh erkannt und durchschaut.[140] Natürlich sei Gorbatschow einer NATO-Mitgliedschaft des wiedervereinigten Deutschlands abgeneigt gewesen. Jedoch sei diese Frage letztlich gar nicht die entscheidende gewesen. In erster Linie seien die wirtschaftlichen und finanzpolitischen Aspekte das entscheidende Zünglein an der Waage gewesen. Daher sei es Kohl nun vor allem darum gegangen, Gorbatschow eine enge wirtschaftliche Zusammenarbeit anzubieten und eine „Brücke nach Osten" zu bauen.[141]

In der Zwei-plus-Vier-Problematik, die vorrangig in den Aufgabenbereich des Außenministeriums fiel, sei Kohl ebenso einer klaren Linie gefolgt. Ein wiedervereinigtes Deutschland müsse die vollständige Souveränität erhalten. Mit ihm seien hier keine „Spielchen" zu machen.[142] Beispielsweise traf Kohl am 23. April 1990

---

[140] Tatsächlich sprach Kohl bereits im Juni 1989 gegenüber Gorbatschow an, dass trotz aller Differenzen es unabdingbar sei, die gegenseitigen wirtschaftlichen Beziehungen zu verbessern. Entscheidend sei, ob man die bestehenden Probleme überwinden könne oder sich aufgrund dieser davon abhalten lasse, in Zukunft besser zusammenzuarbeiten. Ebenso sprach Kohl offen an, dass er von den wirtschaftlichen Problemen Gorbatschows wisse. Der sowjetische Generalsekretär nickte daraufhin zustimmend. Vgl. hierzu Küsters: Dokumente, S. 284.
[141] Kohl: Erinnerungen, S. 280.
[142] Vgl. Diekmann, Kohl: Erinnerungen, S. 320.

mit dem sowjetischen Botschafter Kwizinski zusammen. Dieser schlug vor, die inneren und äußeren Aspekte der Wiedervereinigung zu entkoppeln. Hinter dieser Aussage verbarg sich im Zuge der Zwei-plus-Vier-Verhandlungen die Idee Moskaus, zunächst die staatliche Einheit zu vollziehen und erst im Nachhinein Streitthemen (wie die Bündnisfrage) zu klären. Zu Recht weist Kohl darauf hin, dass ein solcher Schritt einem wiedervereinigten Deutschland de facto die volle Souveränität auf Jahre vorenthalten hätte und daher völlig inakzeptabel gewesen sei.[143] Daher habe sich der Kanzler noch vor dem ersten von insgesamt vier Zwei-plus-Vier-Gesprächen sowohl mit dem amerikanischen als auch dem sowjetischen Außenminister getroffen, um das weitere Vorgehen zu besprechen. Vor allem sei es dabei auch darum gegangen, wie man den Konflikt in Litauen für alle Seiten bestmöglich lösen könne. Es sei wichtig gewesen, Gorbatschows Reformkurs nicht zu gefährden. Zum einen habe Kohl daher betont, dass man in Bonn, ähnlich wie in Washington, den Litauern die Rückgewinnung der Unabhängigkeit wünsche. Andererseits dürfe man aber Gorbatschows Reformkurs nicht gefährden und müsse die Litauer davon überzeugen, dass ihre Politik des „Alles oder Nichts" keinen Erfolg hervorbringen würde.[144] Die größte Bedeutung der Zwei-plus-Vier-Verhandlungen, so Kohl, sei die Frage der inneren und äußeren Aspekte eines geeinten Deutschlands zugekommen. Ein möglichst schneller Abschluss darüber sei für die weitere Entwicklung zur deutschen Einheit von fundamentaler Bedeutung gewesen. Hätte man

---

[143] Vgl. Diekmann, Kohl: Erinnerungen, S. 320.
[144] Vgl. Kohl: Erinnerungen, S. 281-283.

sich hier nicht so schnell einigen können, wäre das Thema, so befürchtete Kohl, im Rahmen der KSZE behandelt worden und eine „dort geführte deutschlandpolitische Debatte wäre aufgrund der zahlreichen KSZE-Mitgliedstaaten höchstwahrscheinlich ins Uferlose ausgeartet."[145] Kohls Ziel war also ein weiteres Mal, ähnlich wie beim Zehn-Punkte-Plan, aus seiner Sicht unnötige und leidige Diskussionen erst gar nicht aufkommen zu lassen. Stattdessen sollte schnell gehandelt werden.

Gegenüber Moskau, so Kohl, sei es nun vor allem wichtig gewesen, in der Bündnisfrage keinen Zweifel über die Haltung Bonns aufkommen zu lassen. In dieser Angelegenheit würde er keinen Millimeter nachgeben. Einerseits müsse Moskau unmissverständlich demonstriert werden, dass ein wiedervereinigtes Deutschland vollständiges Mitglied der NATO sein würde, andererseits sollte man Gorbatschow aber stets mit adäquaten Aussichten auf finanzielle Unterstützung bei Laune halten.[146]

Grundsätzlich hielt Kohl an seiner Strategie stets fest. Auch zu Schewardnadses „Njet" bzgl. einer Mitgliedschaft eines vereinten Deutschlands in der NATO äußert sich der Kanzler eher gelassen. Man habe in der Aussage des sowjetischen Außenministers durchaus heraushören können, dass dies nicht das letzte Wort sein würde und realistische Chancen bestünden, Moskau letztendlich mit einer intelligent gesteuerten Kreditvergabe überzeugen zu können.

---

[145] Diekmann: Kohl: Ich wollte Deutschlands Einheit, S. 330.
[146] Vgl. Kohl: Erinnerungen, S. 282 u. S. 289.

Schewardnadse habe ebenso die Idee einer Trennung von inneren und äußeren Aspekten der Wiedervereinigung noch einmal aufgegriffen. Aufgrund der schlechten wirtschaftlichen Situation der Sowjetunion sei sich Kohl aber insgeheim sicher gewesen, am längeren Hebel zu sitzen.[147]

Etwas besorgt scheint der Kanzler allerdings über einen Ende Mai eingegangen Brief Mitterands gewesen zu sein, in dem der französische Präsident von seiner Unterredung mit Gorbatschow in Moskau berichtete. Dabei habe Gorbatschow fast ausschließlich über Deutschland gesprochen. Eine NATO-Mitgliedschaft schließe der sowjetische Generalsekretär kategorisch und unter allen Bedingungen aus. Notfalls müsse Moskau sogar seine Politik gegenüber dem Westen grundsätzlich überdenken.[148] Trotz der gewohnt deutlichen Formulierungen aus Moskau waren diese Schilderungen in ihrer Schärfe und Kompromisslosigkeit neu. Kohl war alarmiert. Daraufhin habe er sofort zum Telefonhörer gegriffen, um den amerikanischen Präsidenten über die neuesten Entwicklungen zu informieren.[149] Schließlich fand wenige Tage darauf der amerikanisch-sowjetische Gipfel statt. Wie die Gesprächsprotokolle verdeutlichen, drängte Kohl in dem Telefonat darauf, dass man Gorbatschow künftig noch stärker die enge Verbundenheit der BRD mit den USA deutlich machen

---

[147] Vgl. Kohl: a.a.O., S. 289.
[148] Vgl. Diekmann, Kohl: Ich wollte Deutschlands Einheit, S. 347.
[149] Vgl. Kohl: Erinnerungen, S. 297f.

müsse. Bush stimmte mit Kohl voll und ganz überein.[150] Und in der Tat konnte der amerikanische Präsident dem sowjetischen Generalsekretär wenige Tage später in der Bündnisfrage einen Satz entlocken, der für die weitere Entwicklung der Verhandlungen von entscheidender Bedeutung sein sollte. Kohl sieht hierbei den entscheidenden Punkt in der engen Zusammenarbeit mit Bush. Man sei sich einig gewesen, eine eindeutige Botschaft an Moskau zu senden; die Vereinigten Staaten und die Bundesrepublik Deutschland stünden Seite an Seite. So unterrichtete Kohl Präsident Bush von seinen Plänen, Wirtschafts- und Kredithilfe mit Zugeständnissen Gorbatschows zur Bündnisfrage verbinden zu wollen. Ebenso schlug Kohl dem amerikanischen Präsidenten vor, Gorbatschow zu verdeutlichen, dass sich die NATO weiterentwickeln werde und für die Sowjetunion keine Gefahr darstelle. Wenige Tage später meldete sich Bush bei Kohl und ließ selbigen wissen, dass er zur Überzeugung gekommen sei, der bevorstehende NATO-Gipfel sei der wichtigste in der Geschichte.[151]

Kohls Taktik Wirtschafts- und Kredithilfen für Moskau mit Zugeständnissen in der NATO-Frage zu verknüpfen, schien erste Früchte zu tragen. Mitte Juni 1990 überreichte der neue sowjetische Botschafter in Bonn, Wladislaw Terechow, im Kanzleramt einen Brief Gorbatschows. Der sowjetische Generalsekretär, so Kohl, habe darin seinen großen Dank für die Bürgschaft eines ungebundenen Finanzkredites in Höhe von fünf Milliarden D-Mark zum Ausdruck

---

[150] Vgl. Telefongespräch Kohl-Bush, in: Küsters: Dokumente Deutschlandpolitik, S. 1161f.
[151] Kohl: Erinnerungen, S. 305f.

gebracht. Darüber hinaus habe Gorbatschow zwischen den Zeilen erkennen lassen, dass er auch künftig mit weiteren Krediten aus der BRD rechne, so dass die Bemühungen der Perestroika weiter vorangetrieben werden könnten, die ja auch für ganz Europa große Bedeutung hätten. Der entscheidende Punkt sei aber gewesen, dass in dem Brief ein erstes Einlenken Gorbatschows deutlich geworden sei. Gorbatschow sei sicher, dass die äußeren Aspekte der deutschen Einheit, allen voran natürlich die Frage der Bündniszugehörigkeit, vor der KSZE-Konferenz im Herbst geregelt sein würden. Für einen vertieften Dialog über die Zukunft der Beziehungen beider Staaten lud Gorbatschow den Kanzler für die zweite Julihälfte in die Sowjetunion ein. Kohl habe sofort auf den Brief reagiert und Gorbatschow in einem Antwortschreiben versichert, dass er sich auch bei dem nächsten EG-Gipfeltreffen für weitere Finanzhilfen an Moskau einsetzen werde. Die Antwort aus dem Kreml ließ nicht lange auf sich warten. Gorbatschows Reaktion auf Kohls Äußerungen sei äußerst positiv und herzlich gewesen. Die Frage der Bündniszugehörigkeit würde man bei einem Treffen in der Sowjetunion offen und konstruktiv behandeln.[152] Das war natürlich ein deutliches Zeichen, dass Gorbatschow in der NATO-Frage langfristig doch einlenken könnte. Kohl konnte sich daher in seiner Strategie bestätigt fühlen. Es war in der Tat kaum zu übersehen, dass Wirtschafts- und Kredithilfen bei Gorbatschow absolute Priorität hatten. Für Bonn galt es nun, diese Karte geschickt zu spielen.

---

[152] Vgl. Kohl: Erinnerungen, S. 309f..

Am 13. Juni wandte sich Kohl in einer Botschaft an die Staats- und Regierungschefs der Mitgliedstaaten der Europäischen Gemeinschaft und der G7-Staaten. Kohl habe darin um Unterstützung der westlichen Partnerländer bei der Verwirklichung der sowjetischen Reformen gebeten, vor allem in Form langfristiger Kredite. Die Einzelheiten dazu sollten auf den bevorstehenden Gipfeltreffen in Dublin und Houston besprochen werden.[153]

In der Folgezeit spricht Kohl von bewegten Zeiten. Damit meint er die dichte zeitliche Abfolge diverser Gipfeltreffen. Am 25. Juni der EG-Gipfel in Dublin. Am 5. und 6. Juli weilte Kohl auf dem NATO-Gipfel in London und am 8. Juli ging es weiter zum Weltwirtschaftsgipfel im texanischen Houston. Kohl bekennt, dass dieses Programm ohne die glänzende Unterstützung seines außenpolitischen Beraterteams unter Leitung von Horst Teltschik nicht zu bewältigen gewesen wäre. In Dublin, so Kohl, sei es leider zu keiner spontanen Wirtschaftshilfe für die Sowjetunion gekommen, was am Veto von Premierministerin Thatcher gelegen habe. Dennoch sei es auch dort zu wichtigen Übereinstimmungen gekommen. Die Zusammenarbeit mit Mitterand habe wieder weitaus besser funktioniert und der französische Staatspräsident habe mit Kohl in allen Punkten übereingestimmt. Kohl spricht von einem deutsch-französische Tandem und dabei sei das Startsignal für eine Entwicklung gegeben worden, die zum Vertrag von

---

[153] Vgl. Kohl: a.a.O., S. 315.

Maastricht und so zur Schaffung der Europäischen Union geführt habe.[154]

Die größte Bedeutung hatte für Kohl allerdings der NATO-Gipfel in London. Dort konnte der Kanzler in seiner Rede noch einmal die Prinzipien seiner Politik verdeutlichen. Deutschland, so versicherte Kohl, werde im Atlantischen Bündnis ein zuverlässiger Stabilitätsfaktor sein. Ebenso sei es äußerst wichtig, etwaige Skeptiker noch davon zu überzeugen, dass ein vereintes Deutschland in der NATO einen Zugewinn an Stabilität und neue Chancen der Partnerschaft bedeute. Das Ergebnis des Gipfels von London sei ein „Markstein in der Geschichte des Bündnisses [gewesen].“[155] Die geltende Verteidigungsstrategie wurde geändert und dabei unterstrichen, dass die NATO unter keinen Umständen als erste Gewalt anwenden würde. Der wohl wichtigste Punkt besagte, dass das Bündnis zu einer weitgehenden Kooperation mit der Sowjetunion und den Ländern des Warschauer Paktes bereit sei. Jedenfalls war der Kanzler hochzufrieden mit dem in London erzielten Ergebnis. Viele Punkte seiner eigenen Politik seien in die Londoner Erklärung eingeflossen und auf die Initiative Bonns zurückgegangen. Darüber hinaus würde diese Erklärung den sowjetischen Parteichef auf dem zeitlich parallel stattfindenden Parteitag der KPdSU stützen und dem Kanzler somit eine gute Ausgangsposition für das vorgesehene Zusammentreffen in der Sowjetunion verschaffen. Gewinnbringend sei

---

[154] Vgl. Kohl: Erinnerungen, S. 317f.
[155] Vgl. Kohl: a.a.O., S. 321.

noch hinzugekommen, dass man gemeinsam mit Mitterand den amerikanischen Präsidenten in Houston nach langen und schwierigen Gesprächen überzeugen konnte, dass sich die G7 in einer abschließenden Erklärung dazu verpflichteten, die Reformbewegung in der Sowjetunion nachhaltig zu unterstützen.[156]

Auf dem Rückflug nach Deutschland habe Kohl über den zurückgelegten Weg nachgedacht und ein positives Resümee gezogen. In diesem Moment erhielt er die Nachricht von Gorbatschow, der den Kanzler im Rahmen des angekündigten Treffens Mitte Juli in seine kaukasische Heimat einlud. An dieser Stelle wird in seinen Erinnerungen deutlich, wie hoch der Kanzler sein Verdienst an dem erfolgreichen Prozess der Wiedervereinigung sowohl persönlich als auch politisch einschätzt und sich gleichzeitig gegenüber Genscher erhebt:

„Einmal mehr wurde mir auch bewusst: Die deutsche Außenpolitik war längst meine Domäne geworden, und die Fäden liefen – in enger Absprache mit Hans-Dietrich Genscher – im Kanzleramt zusammen. Um außenpolitisch die deutsche Einheit durchzusetzen, baute ich auf meine engen Kontakte zu Washington, Paris und Moskau. Ich hatte immer Wert darauf gelegt, mich in der EG und im Nordatlantischen Bündnis als verlässlicher Partner zu erweisen. Dies machte sich jetzt bezahlt. "[157]

Helmut Kohl erwähnt zwar immer wieder, dass auch Genscher und sein Beraterteam einen großen Anteil an der erfolgreichen Arbeit

---

[156] Vgl. Kohl: a.a.O., S. 321-325.
[157] Vgl. Kohl: Erinnerungen, S. 326.

gehabt hätten. Letzten Endes soll aber kein Zweifel aufkommen. Die zentralen Punkte seien stets im Kanzleramt entschieden worden und ohne die persönlichen wie politischen Verbindungen des Kanzlers, aufgrund derer die meisten Verbündeten ein großes Vertrauen gegenüber Bonn aufgebaut hätten, wäre die Wiedervereinigung in dieser Form nicht zustande gekommen.

2.2.8 Durchbruch im Kaukasus?

Die Voraussetzungen vor der Abreise Richtung Moskau im Juli 1990 seien durchaus günstig gewesen. An einen endgültigen Durchbruch habe aber niemand gedacht. Vielmehr sei eine Einigung in der Bündnisfrage laut Kohl nach wie vor sehr unwahrscheinlich gewesen und der „Quadratur des Kreises" gleichgekommen.[158]

Mit großzügigen Wirtschafts- und Finanzhilfen beabsichtigte Kohl Gorbatschow in den entscheidenden Fragen zum Einlenken zu bewegen.[159] Denn leider, so der Kanzler, hätten die Zwei-Plus-Vier Verhandlungen bis dato kaum Fortschritte erzielt. Daher seien vor

---

[158] Vgl. Kohl: a.a.O., S. 327. Ferner Teltschik: 329 Tage, S. 316f.

[159] Laut Teltschiks Aussagen habe Finanzminister Waigel am 13. Juli 1990 Kohl mitgeteilt, dass der von der BRD gebürgte Kredit an Moskau von fünf Milliarden D-Mark bereits in voller Höhe In Anspruch genommen worden sei. Die katastrophale wirtschaftliche Lage in der Sowjetunion wurde hierdurch noch einmal allen deutlich. Vgl. hierzu Teltschik: 329 Tage, S. 316.

seiner Abreise mindestens drei sowjetische Forderungen mit den Bonner Vorstellungen in keinster Weise zu vereinbaren gewesen.

1.   Wenn überhaupt, wollte Gorbatschow die Vier-Mächte-Rechte erst nach einer mindestens fünfjährigen Übergangszeit aufgeben.

2.   Gorbatschow betonte, er wolle dem Abzug der sowjetischen Truppen nur zustimmen, wenn gleichzeitig die westlichen Streitkräfte abgezogen würden.

3.   Nach wie vor beharrte Gorbatschow auf eine mögliche Doppelmitgliedschaft Deutschlands in der NATO bzw. im Warschauer Pakt (oder der Neutralität Deutschlands).[160]

Erschwerend kam noch hinzu, dass es aufgrund einer Meinungsverschiedenheit bzgl. der künftigen Truppenstärke zwischen Kanzler und Außenminister auf dem Flug nach Moskau zu einer heftigen Auseinandersetzung kam.[161] Genscher habe viel zu früh eine künftige Truppenstärke von etwa 350000 Mann gebilligt, wohl in der Hoffnung dadurch ein schnelleres „Ja" zur Wiedervereinigung zu bekommen. Für Kohl kam dies scheinbar einem Verrat gleich. Erstens sei dies nicht mit dem Kanzler abgesprochen gewesen, zweitens habe Kohl die künftige Truppenstärke bei etwa 400000 ansetzen wollen, um bei den Verhandlungen mit Gorbatschow noch einen adäquaten

---

[160] Vgl. Kohl: Erinnerungen, S. 329.
[161] Vgl. Teltschik: 329 Tage, s. 317.

Spielraum nach unten zu haben, so dass man sich schließlich auf etwa 370000 Mann einigen könne.[162]

Bei der Ankunft in Moskau sei man überaus freundlich empfangen worden und auch die gesamte Atmosphäre sei angenehm gewesen. Gorbatschow habe hier erstmalig eine mögliche NATO-Mitgliedschaft des vereinten Deutschlands nicht mehr ausgeschlossen. Das Gebiet der ehemaligen DDR könne dabei aber nicht in deren Wirkungsbereich eingegliedert werden. Vielleicht könne man ja nach Ablauf einer Übergangsperiode erneut über das Thema diskutieren.[163] Für Kohl sei nun klar gewesen, dass Gorbatschow entgegen seinen Beteuerungen sich der vollen Souveränität eines wiedervereinigten Deutschlands entgegengestellt habe. Unter keinen Umständen wäre er auf diese Gedankenspiele eingegangen.[164]

Gorbatschow scheint Kohls Verärgerung und Skepsis gespürt zu haben. Man solle, so Gorbatschow, die Gespräche doch besser im kaukasischen Gebirge fortsetzen. Dort könne man in der Bergluft auch viel klarer denken. Kohl habe Gorbatschow daraufhin gefragt, ob es überhaupt Sinn mache zu fahren. Der Kanzler würde nur fahren, wenn am Ende die volle Souveränität des vereinten Deutschlands und die uneingeschränkte NATO-Mitgliedschaft ständen. Darauf habe

---

[162] Vgl. Kohl: Erinnerungen, S. 330. *(wörtlich: „Schließlich musste auch klar sein, 'wo der Bartel den Most holt', wie man in meiner pfälzischen Heimat sagt).*

[163] Der Gesprächsverlauf vom 15. Juli 1990 hierzu in Küsters: Dokumente Deutschlandpolitik, S. 1340-1348.

[164] Vgl. Kohl: Erinnerungen, S. 333. u. S. 335.

Gorbatschow weder mit „Ja" noch „Nein" geantwortet. Seine Worte „Wir sollten fliegen" seien für Kohl aber eindeutig gewesen: „In diesem Augenblick wusste ich, dass wir es schaffen würden."[165]

Die Weichen waren somit bereits vor den Gesprächen im Kaukasus gestellt. Dennoch mussten noch einige Detailfragen geklärt werden. Auf der Fahrt zum Regierungsflughafen habe Kohl dann die Frage der Truppenstärke angesprochen. Zur Überraschung des Kanzlers habe der Generalsekretär entgegnet, dass dieser Punkt ja bereits zwischen den Außenministern ausgehandelt worden sei, die sich auf eine Größenordnung von etwa 300000 Mann geeinigt hätten. Kohl sei nicht nur sehr verärgert darüber gewesen, dass Genscher „selbstherrlich mit Zahlen operiert hatte, die nicht akzeptabel waren."[166] Vielmehr sei es für den Kanzler nun natürlich um einiges schwieriger geworden, Gorbatschow davon zu überzeugen, dass künftig eine Truppenstärke von 370000 notwendig sei.[167]

Im Kaukasus angekommen, machte man sich auf einen gemeinsamen Spaziergang. Wieder einmal standen Kohl und Gorbatschow unweit eines Flusses, der an das Jahr 1989 erinnert, als Kohl auf den Rhein gezeigt und Gorbatschow zu verstehen gegeben habe, dass sich die deutsche Einheit nicht aufhalten lasse. Fast scheint es so, als hätte sich hier ein symbolischer und metaphorischer Kreis geschlossen. Gorbatschow selbst, so Kohl, habe man nur selten in einer solch

---

[165] Kohl: a.a.O., S. 336.
[166] Vgl. Kohl: a.a.O., S. 337.
[167] Vgl. Kohl: Erinnerungen, S. 337.

gelösten Stimmung erlebt. Diese sei so gut und entspannt gewesen, dass keiner der Anwesenden in diesem Augenblick Lust gehabt hätte, über die großen Themen der Politik zu sprechen. Erst einmal habe man sich, für Kohl ohnehin sehr charakteristisch, über persönliche und alltägliche Themen unterhalten.[168]

Die entscheidenden Gespräche fanden erst am nächsten Morgen statt. Helmut Kohl erwähnt in seinen Erinnerungen an dieser Stelle ausdrücklich, dass er hier im Kaukasus nicht allein, sondern gemeinsam mit Außenminister Hans-Dietrich Genscher die Weichen für Deutschlands Zukunft gestellt habe. So sei es Genscher gewesen, der in dieser Stunde das sensible Thema der Bündniszugehörigkeit noch einmal angesprochen habe. Dabei habe Genscher geschickt angemerkt, dass in dem abschließenden Zwei-plus-Vier-Dokument das Recht Deutschlands auf freie Wahl des Bündnisses festgeschrieben werden müsse und er keinen Zweifel daran habe aufkommen lassen, dass dies selbstverständlich die NATO sein würde. Und in der Tat erreichte Genscher hierzu die Zustimmung des sowjetischen Generalsekretärs, der lediglich darauf hingewiesen habe, dass man in dem Abschlussdokument nicht ausdrücklich die NATO nennen möge. Darüber hinaus habe man nach langen Diskussionen schließlich auch das Problem des künftigen Geltungsbereiches des Atlantischen Bündnisses in Ostdeutschland gelöst. Erst habe Gorbatschow hier nicht nachgeben wollen und darauf bestanden, dass sich die NATO-Strukturen nicht auf das Gebiet Ostdeutschlands erweitern dürften.

---

[168] Vgl. Kohl: a.a.O., S. 339.

Nachdem Genscher und Kohl aber immer wieder betont hätten, dass diese Einschränkung eine volle Souveränität Deutschlands ausschließe, habe Gorbatschow letzten Endes auch in dieser Frage nachgegeben. Damit sei man in der entscheidenden Frage der vollen Souveränität eins vereinten Deutschlands am Ziel angelangt gewesen.[169]

Überraschend schnell habe man sich auch auf die künftige Truppenstärke Deutschlands geeinigt. Die Obergrenze sollte demnach bei etwa 370000 Mann liegen. Indirekt verweist Kohl an dieser Stelle auf seinen geglückten Schachzug. Seine Strategie, die Zahl der Truppenstärke etwas höher anzulegen, um Spielraum nach unten zu haben, scheint hier voll aufgegangen zu sein. Gleichzeitig stellt dies natürlich einen Seitenhieb gegenüber Genscher dar. Erst habe Gorbatschow eine Zahl von 350000 Mann ins Spiel gebracht, doch Kohl habe dies strikt abgelehnt. Die von Kohl vorgeschlagene Truppenreduzierung sei ohnehin bereits die umfangreichste, die ein moderner Staat jemals durchgeführt habe. Und so habe Gorbatschow nach einem kurzen Schweigen geantwortet: „Na gut, 370000."[170]

„Wir hatten allen Grund, dankbar zu sein: den Menschen in unserem Vaterland, den drei Verbündeten – insbesondere unseren amerikanischen Freunden, allen voran Präsident Bush -, der EG-Kommission [...], Präsident Gorbatschow für seine Weitsicht und seinen Realitätssinn und unseren

---

169 Vgl. Kohl: a.a.O., S. 341f.
170 Vgl. Kohl: Erinnerungen, S. 342.

Verbündeten und Nachbarn in West und Ost, die uns Verständnis und Vertrauen entgegenbrachten."[171]

Kohl betont ebenso, dass er lediglich in zwei Punkten Zugeständnisse an Gorbatschow gemacht habe, Gorbatschow aber in zahlreichen Positionen. Der Kanzler sei lediglich bei der Frage des Sonderstatus für das DDR-Gebiet mit seinem Versprechen, dort ausländische Streitkräfte noch Nuklearwaffen zu stationieren, Kompromisse eingegangen. Gorbatschow aber habe beispielsweise in den Fragen der NATO-Mitgliedschaft, dem Abzug der westlichen Streitkräfte, der Truppenstärke eines vereinten Deutschlands und einer Demilitarisierung des DDR-Territoriums von seinen ursprünglichen Forderungen vollends zurückweichen müssen.[172]

2.2.9 So gut wie am Ziel

Politisch schienen die wichtigsten Schritte vollzogen und der Weg zur deutschen Einheit frei zu sein. Dennoch betont Kohl, dass es bis zur Vertragsunterzeichnung am 12. September durchaus noch Stolpersteine zu überwinden gegeben habe. Dafür waren zum einen innenpolitische Umstände verantwortlich, andererseits versuchte aber auch die Sowjetunion noch einmal Druck auf die BRD auszuüben.

---

[171] Kohl: a.a.O., S. 347.
[172] Vgl. Kohl: a.a.O., S. 347f.

Die Verhandlungen mit der DDR-Regierung, aber auch mit den westdeutschen Bundesländern seien oft sehr kompliziert gewesen. Lothar de Maizière habe dem Kanzler noch einige Male gegengearbeitet. So habe Maizière versucht, einen symbolischen Bruch mit der bundesrepublikanischen Kontinuität festzuschreiben. Sein Vorschlag, das vereinte Deutschland „Bund Deutscher Länder" zu nennen und die Textteile der Hymne „Einigkeit und Recht und Freiheit" durch „Auferstanden aus Ruinen" zu ergänzen, sei für Kohl völlig inakzeptabel gewesen.[173] Hinzu kamen noch interne Probleme der unter Maizière geführten Regierung im Osten (mitunter der Zerfall der Koalition).[174] Die Verhandlungen über den Einigungsvertrag hätten sich als äußerst schwierig erwiesen. Interessanterweise erwähnt Kohl an dieser Stelle ausdrücklich seinen alten Weggefährten Wolfgang Schäuble. Unbestritten kommt Schäuble bzgl. des Einheitsvertrags ein überaus großes Verdienst zu. Auffällig ist nur, in welch positiver Weise Kohl Schäubles Verdienst erwähnt, da das Verhältnis zwischen beiden ja spätestens seit dem CDU-Spendenskandal als – positiv formuliert – zerrüttet bezeichnet werden muss. Vielleicht lässt sich dies auch als ein Versuch Kohls zur Annäherung und Aussöhnung gegenüber Schäuble deuten. Die Vertragsunterzeichnung am 31. August im Ost-Berliner Kronprinzenpalais,[175] die den Beitritt der DDR zur BRD regelte, sei ohne Schäuble so nie erreicht worden.[176] Auch

---

[173] Vgl. Kohl: a.a.O., S. 359.
[174] Vgl. Kohl: a.a.O., S. 366.
[175] Vgl. Lehmann: Deutschland-Chronik, S. 414.
[176] Vgl. Kohl: Erinnerungen, S. 376f.

zum Festakt anlässlich der Ehrung von Kohl, Bush und Gorbatschow für deren Verdienste um die deutsche Einheit am 31.10. 2009 in Berlin erwähnte Kohl, gesundheitlich sichtbar angeschlagen, ausdrücklich noch einmal Wolfgang Schäuble, dessen Verdienst sehr groß sei.[177]

Nach der Vertragsunterzeichnung schien alles geregelt zu sein und die abschließende Ratifizierung bei den bevorstehenden Zwei-Plus-Vier Gesprächen im September sei im Grunde nur noch ein formaler Akt gewesen. Doch plötzlich schien Moskau noch einmal nachbessern zu wollen, um weitere finanzielle Vorzüge zu gewinnen. Kohls Angebot von acht Milliarden D-Mark Kredithilfe erschien dem sowjetischen Generalsekretär zu wenig zu sein und dieser habe seine Enttäuschung darüber deutlich zu verstehen gegeben. Der Truppenabzug aus der DDR sei so nicht zu bewerkstelligen. Auf bis zu 18 Milliarden habe die Forderung sich nun belaufen. Somit hätte Gorbatschow de facto die letzte Runde der Zwei-Plus-Vier-Gespräche platzen lassen können. Nun habe Kohl den perfekten Zeitpunkt gesehen, zusätzlich zu den 12 Milliarden D-Mark noch einen zinslosen Kredit von drei Milliarden D-Mark anzubieten. Dieser Coup sei mit dem Finanzministerium und vor

---

[177] Zur Ehrung am 31.10.2009 beispielsweise folgende Berichte: rp-online vom 31.10.2009: Gipfeltreffen der Einheitsväter in Berlin, Quelle: http://www.rp-online.de/politik/deutschland/gipfeltreffen-der-einheitsvaeter-in-berlin-1.2297082 (Stand: 15.02.2012), n-tv vom 31. Oktober 2009: Wegbereiter der deutschen Einheit, Quelle: http://www.n-tv.de/politik/Kohl-Gorbatschow-Bush-geehrt-article571397.html (Stand: 15.02.2012), welt-online vom 31.10.2009: Kohl, Bush und Gorbatschow geehrt (inkl. Video), Quelle: http://www.welt.de/videos/politik/article5038858/Kohl-Bush-und-Gorbatschow-geehrt.html#autoplay (Stand: 15.02.2012).

allem dem zuständigen Staatssekretär Horst Köhler (laut Kohl ein hervorragender Experte und politisch denkender Spitzenbeamter) ausgehandelt worden und entscheidend dafür gewesen, Gorbatschow zufriedenzustellen. Der letzte große Stolperstein war somit beseitigt und am 12. September konnte in Moskau der Vertrag unterzeichnet werden, mit dem Deutschland am 3. Oktober 1990 seine volle Souveränität erhalten sollte.[178] Kohls Taktik der Wirtschaft- und Finanzhilfen an Moskau war aufgegangen.

3 Urteil der Hauptakteure

3.1 François Mitterand

Laut Mitterand sei in der jüngeren Geschichte kein Ereignis so bedeutsam wie der Zusammenbruch des Sowjetimperiums gewesen. Außerdem habe er selbst diese Entwicklung bereits Anfang der achtziger Jahre vorausgesehen. So habe er auch gegenüber dem damaligen Bundeskanzler Helmut Schmidt geäußert, dass die Vereinigung Deutschlands ein logischer Verlauf der Geschichte sein würde.[179] In der Tat hatte sich Mitterand bei der gemeinsamen Pressekonferenz mit Helmut Kohl am 3. November 1989 im Rahmen eines deutsch-französischen Gipfels positiv zur Frage einer möglichen

---

[178] Vgl. Kohl: Erinnerungen, S. 379f.
[179] Vgl. Mitterand, François: Über Deutschland (aus dem Französischen von Bern Schwibs), Frankfurt/Leipzig 1996, S. 10.

deutschen Wiedervereinigung geäußert, solange diese friedlich und demokratisch verlaufe. Nach eigenem Bekunden habe er dies bereits im Juli 1989 vor fünf europäischen Journalisten bekräftigt.[180] Bei der Frage nach dem Verdienst an der deutschen Einheit stellt Mitterand zum einen Gorbatschow heraus, der von Anfang an auf Gewalt verzichtet habe. Darüber hinaus komme dem deutschen Volk im Osten große Bedeutung zu:

„Das Volk hatte die Macht seiner Herren und ihres Apparats gebrochen, es hatte seine Ängste besiegt, war seinen vielfältigen Wachhunden [...] entwischt. "[181]

Dies waren nach Mitterands Einschätzung nun die grundlegenden Voraussetzungen, die der deutschen Einheit den Weg ebnen sollten. Bundeskanzler Helmut Kohl komme bei der politischen Umsetzung während des Prozesses zur Einheit eine große Bedeutung zu.

In diesem Kapitel stehen freilich die von Mitterand (bewusst) hinterlassenen Quellen im Vordergrund, in denen er sich explizit gegenüber der Öffentlichkeit zum Prozess der deutschen Einheit äußerte. Dennoch soll auch an mancher Stelle auf Widersprüche hingewiesen werden, die bei Mitterand besonders auffällig sind. Dass Mitterand seine tatsächlichen Ansichten nicht immer offen und ehrlich

---

[180] Vgl. L'Express (14.07.1994): Deutschland und wir Franzosen, Gespräch mit Francois Mitterand. Par L'Écotais Yann de et Gonin Jean-Marc et Hoche Christian et Valance Georges et Fiel Anne-Marie. Quelle: http://www.lexpress.fr/informations/deutschland-undwir-franzosen-gespräch-mit-francois-mitterand 598716.html (Stand: 13.12.2011).
[181] Mitterand: Über Deutschland, S. 32.

ansprach, war bereits bekannt. Die 2010 von der britischen Regierung veröffentlichten „Documents on British Policy Overseas" verdeutlichen aber, dass das Ausmaß der Diskrepanz zwischen Mitterands öffentlichen Äußerungen und seinen tatsächlichen Ansichten noch weitaus größer war als bisher angenommen. Zuweilen stehen seine durchaus deutschlandfreundlichen Äußerungen gegenüber Kohl in fundamentalem Widerspruch zu dem, was der frühere französische Präsident beispielsweise gegenüber Premierministerin Thatcher äußerte.

3.1.1 Menschliches und der gemeinsame europäische Gedanke

Sowohl die deutsche als auch französische Presse sprachen des Öfteren davon, die Beziehung zwischen Kohl und Mitterand sei in den Jahren 1989 und 1990 oftmals sehr angespannt gewesen. Laut Mitterand sei dies Unsinn. Trotz mancher, jedoch nur weniger politscher Differenzen habe man stets in vertraulicher Weise miteinander zusammengearbeitet.[182] Mitterand habe Helmut Kohl nicht nur politisch, sondern vor allem menschlich geschätzt. Der französische Präsident stand durch seine politische Gesinnung der Sozialdemokratie freilich sehr viel näher als der politischen Überzeugung des aus Rheinland-Pfalz stammenden konservativen Unionspolitikers Kohl.

---

[182] Vgl. Mitterand: Über Deutschland, S. 75.

Dennoch habe der deutsche Bundeskanzler durch seine Menschlichkeit bei Mitterand überaus große Sympathie hervorgerufen und die Zusammenarbeit habe prächtig funktioniert.

„Ich war für seinen etwas rauhen Menschenverstand empfänglich, war beeindruckt von seiner Menschenkenntnis und von seiner Fähigkeit, Schläge einzustecken, beeindruckt auch von seiner Intelligenz, deren Schärfe von zu vielen Intellektuellen unterschätzt wurde.“[183]

Diese Beziehung sei vor allem auch durch den gemeinsamen Willen eines starken und geeinten Europas gefestigt worden. Trotz mancher Meinungsverschiedenheit sei in den 80er Jahren die Beziehung Deutschland-Frankreich stärker als jemals zuvor gewesen. Zu keinem anderen Zeitpunkt hätten ein französischer Staatspräsident und ein deutscher Bundeskanzler so eng zusammengearbeitet und derart enge persönliche Beziehungen gehegt wie unter Mitterand und Kohl.[184]

Rückblickend auf die Jahre 1989/90 müsse man natürlich vielen Beteiligten großen Dank zollen, insbesondere sei aber Helmut Kohl zu nennen.

„Er war für mich, so kann man sagen, ein Gefährte, der mir bei der handwerklichen Arbeit wie beim schöpferischen Denken zur Seite stand, da der Zufall es wollte, da[ss] wir zwölf Jahre politische Verantwortung teilten. Sie sollen wissen, da[ss] ich für seine Zeichen von Freundschaft und zuweilen

---

[183] Mitterand: a.a.O., S. 121.

[184] Mitterand in einer Ansprache anlässlich der Überreichung des deutschen Medienpreises, Baden-Baden, 25. November 1994, Auszüge davon in Mitterand: Über Deutschland, hier S. 186.

Zuneigung empfänglich bin, da[ss] sie mich nicht kalt noch gleichgültig lassen. Für mich kann die politische Verantwortung auf affektive Momente nicht verzichten. Man baut nicht nur mit Steinen und Zement. "[185]

Explizit nennt Mitterand Kohls menschliche Züge und seine Fähigkeit, nachhaltige Freundschaften aufzubauen. Bekanntermaßen hat Mitterand und Kohl die Idee eines geeinten Europas in der Tat miteinander verbunden, sodass die Äußerungen Mitterands sicherlich sein grundlegendes Empfinden gegenüber Kohl widerspiegeln. Auch im Interview mit „L'Express" im Jahre 1994 äußerte Mitterand noch einmal das Vertrauen in Kohls europäische Ambitionen. Es gebe keinen Zweifel daran, dass „Helmut Kohl ein Europäer von großer Überzeugung [sei]."[186] Kohl sei stets jemand gewesen, der Brücken bauen konnte. Die Freundschaft mit Helmut Kohl sei gerade für die Ereignisse der Jahre 1989 und 1990 entscheidend gewesen.[187] Der europäische Gedanke und die Europäische Union seien der Boden, auf dem auch künftig zwischen Deutschland und Frankreich „eine enge Beziehung gedeihen [könne]".[188] Auch in den turbulenten Monaten des Einigungsprozesses und der enormen Arbeitsbelastung habe Kohl mehr denn je das europäische Unternehmen im Auge gehabt. Stets habe er mit Kohl die gleichen Ansichten über den Aufbau Europas

---

[185] Mitterand: Über Deutschland, S. 193.
[186] Vgl. L'Express, 14.07.1994.
[187] Vgl. Mitterand: Über Deutschland, S. 122, S. 186, S. 187 u. S. 193.
[188] So im Interview mit L'Express.

geteilt, deren Ziel schließlich den Eckstein ihres gemeinsamen Handelns gebildet habe.[189]

Durch die menschliche Nähe und gegenseitige Sympathie scheint also ein gutes Fundament gelegt gewesen zu sein, auf dem eine konstruktive und erfolgreiche deutsch-französische Zusammenarbeit aufgebaut wurde, die für die Wiedervereinigung mitentscheidend war.

3.1.2 Politische Ansichten

3.1.2.1 Der Zehn-Punkte-Plan

In Mitterands „Über Deutschland" fällt das Urteil über Kohls Zehn-Punkte-Plan insgesamt ausgesprochen positiv aus. Generell habe der Kanzler während des gesamten Prozesses der Wiedervereinigung besonnen und mit Weitblick gehandelt und sei stets behutsam vorgegangen. Fast klingt es so, als sei Kohls Initiative die einzig logische Konsequenz der Umstände im November 1989 gewesen. So erläutert Mitterand, dass die politischen Rahmenbedingungen und die Entwicklungen im Osten den Kanzler förmlich dazu gezwungen hätten, mit einem Programm die Initiative zu ergreifen und aktiv zu werden. Kohl habe eingreifen müssen bevor ihm andere das Heft aus der Hand hätten nehmen können. Ebenso dementiert Mitterand Presseberichte aus dem Jahr 1989, die besagen, dass er Kohls Zehn-

---

[189] Vgl. Mitterand: Über Deutschland, S. 73 u. S. 124.

Punkte-Plan kritisiert habe.[190] Generell sei oft in Bezug auf die Beziehung und Zusammenarbeit zwischen ihm und Kohl viel Unwahres berichtet worden. Eine deutsch-französische Krise habe es niemals gegeben. Freilich habe es etliche Diskussionen und Debatten gegeben und reine Harmonie sei ja nie vorherbestimmt. Die Presse habe allerdings maßlos übertrieben. Besonders hervorzuheben sei, dass er selbst nie den Wunsch geäußert habe, die zur „Gewissheit gewordene Einheit der Deutschen aufzuhalten."[191] Eine aufmerksame Lektüre der Zehn-Punkte würde zeigen, dass Kohl niemanden habe verunsichern wollen. Zwar sei es nicht Mitterands Absicht, etwaige Meinungsverschiedenheiten gänzlich abzustreiten. Man könne insgesamt aber nicht davon sprechen, dass er die Politik Kohls kritisiert habe. Nie habe er das Recht des Kanzlers bestritten, initiativ zu werden. Kohl habe seine Figuren auf dem Schachbrett sehr geschickt bewegt, dabei aber nie gegen die Spielregeln verstoßen. In den deutsch-französischen Beziehungen habe es zu dieser Zeit keinerlei Dissens gegeben.[192] Man habe sich auf Kohl und die Bundesregierung in Bonn, die während des gesamten Einigungsprozesses stets mit großer Vorsicht gehandelt habe, zu jeder Zeit verlassen können.[193] Mit dem Zehn-Punkte-Plan habe sich Kohl, ein „deutscher Patriot", zur rechten Zeit an die Spitze der Einigungsbewegung gestellt und gleichzeitig „klug" vermieden, einen

---

[190] Vgl. Mitterand: a.a.O., S. 54.
[191] Vgl. L'Express.
[192] Vgl. Mitterand: Über Deutschland, S. 55.
[193] Vgl. L'Express.

genauen Zeitplan aufzustellen und zu benennen.[194] Mitterand habe sich nie für eine Fortdauer der deutschen Teilung ausgesprochen. Die deutsche Einheit habe den Frieden in Europa ja nie bedroht.[195]

An dieser Stelle muss erwähnt werden, dass Mitterands Darlegung zumindest teilweise eine Verdrehung der Tatsachen widerspiegelt. Die Londoner Dokumente belegen eindeutig, dass sich Mitterand gegenüber Thatcher überaus negativ über Kohls Vorgehen und die scheinbar Überhand nehmenden Emotionen der Deutschen äußerte. So vertraute er Thatcher an, dass sich die Deutschen scheinbar nicht darüber bewusst seien, dass eine mögliche Wiedervereinigung auf den Rest Europas enorme Auswirkungen haben würde. Der Zehn-Punkte Plan gehe zu weit. Darüber hinaus sollten Frankreich und das Vereinigte Königreich vorsichtig sein, nicht in eine ähnliche Lage wie in den 1930er Jahren zu gelangen, als man dem Tatendrang und der aggressiven Politik Deutschlands nichts entgegengesetzt habe. Ebenso wird Mitterands Befürchtung einer möglichen Expansion Deutschlands ersichtlich, die in den kommenden Monaten bzgl. der Oder-Neiße-Grenze ein ständiges Streitthema darstellen sollte.[196] Es mag sein, dass Mitterands Äußerungen u.U. von den äußerst kritischen Stimmen

---

[194] Vgl. Mitterand: Über Deutschland, S. 58.

[195] Vgl. Mitterand: Über a.a.O., S. 102.

[196] Vgl. British Policy, S. 165: Letter from Mr Powell to Mr Wall. Strasbourg, 8 December 1989: *"President Mitterand said that he was very critical of Chancellor Kohl's ten point plan and speech. [...] Kohl was speculating on the national adrenalin of the German people and it seemed that nothing could stop him. [...] In history Germany had never found its true frontiers. [...] [P]redecessors in the 1930s who had failed to react in the face on constant pressing forward by the Germans."*

Thatchers beeinflusst wurden. Jedoch lässt sich anhand der Gesprächsprotokolle nicht abstreiten, dass er schwere Vorbehalte gegenüber der deutschen Politik hegte und seine öffentliche Beurteilung des Zehn-Punkte-Plans in weiten Teilen das genaue Gegenteil seiner privaten und vertraulichen Äußerungen widerspiegelt. All dies sollte bedacht werden, wenn Mitterand davon spricht, dass es an Kohls Vorgehen im Grunde nichts zu kritisieren gegeben habe.

3.1.2.2 Öffentliche Kritik an Kohl

Offiziell kritische Stimmen Mitterands gegenüber Kohl betreffen die Problematik der künftigen Grenze eines wiedervereinigten Deutschlands zu Polen. Mitterand beklagt, dass Kohl dieses Thema aus unterschiedlichen Gründen über einen viel zu langen Zeitraum offengelassen habe. Die Grenzfrage sei in Mitterands Augen die schwierigste überhaupt gewesen. Dabei sei es des Öfteren zu hitzigen Diskussionen gekommen, welche allerdings stets in einer freundschaftlichen und sachlichen Auseinandersetzung geendet hätten.[197] Monate lang habe Mitterand dem Kanzler eindringlich ins Gewissen geredet, es sei unabdingbar, dass sich die BRD öffentlich zur Unantastbarkeit der Grenzen bekennen müsse.[198] Mitterand behauptet nicht, dass Helmut Kohl die Oder-Neiße-Grenze jemals in Frage gestellt habe. Freilich sei auch ihm klar, dass Kohl aus vorrangig

---

[197] Vgl. Mitterand: Über Deutschland, S. 29.
[198] Vgl. Mitterand: a.a.O., S. 59, S. 167.

innenpolitischen Gründen auf Zeit habe spielen müssen und sich deshalb nicht unmittelbar und direkt zur endgültigen Anerkennung der Grenze habe bekennen können.[199] Trotz allem habe Kohl mit seiner Vorgehensweise den Prozess der Wiedervereinigung in diesem Punkt gestört. Kohl habe sich acht Monate lang an die Aussage geklammert, dass die Bundesrepublik Deutschland nicht Stellung zu einer Frage nehmen könne, die einem vereinigten Deutschland vorbehalten sei. Auch die Erklärung des Bundestages zur Beschleunigung des Prozesses der Anerkennung der Grenzen sei zwar ein Schritt in die richtige Richtung gewesen. Letzten Endes hätten bloße Erklärungen aber nicht ausgereicht. Gegenüber Polen sei eine Ratifizierung nötig gewesen. Die Bundesrepublik müsse sich öffentlich und eindeutig zu den Grenzen bekennen. Durch Kohls Hartnäckigkeit sei diese Kontroverse erst am 14. November 1990 mit dem polnisch-deutschen Vertrag beendet worden. Für Mitterand sei die Akte der deutschen Einheit erst mit diesem Schritt geschlossen worden.[200]

Mitterands Kritik bzgl. der Oder-Neiße-Grenze liest sich insgesamt aufrichtig und erscheint nachvollziehbar. Offen spricht er an, dass es in dieser Frage zwischen ihm und Kohl oft Auseinandersetzungen gegeben habe. Auch hier geben uns die Londoner Dokumente noch genauere Einsichten darüber, welche Sorgen den französischen Staatspräsidenten tatsächlich beschäftigten. Demnach scheint auch die Kritik an der zögerlichen Haltung des Kanzlers etwas beschönigt. Als

---

[199] Vgl. L'Express, ferner: Mitterand: Über Deutschland, S. 115.
[200] Vgl. Mitterand: Über Deutschland, S. 125 u. S. 136f.

Margaret Thatcher am 8. Dezember 1989 im Gespräch mit Mitterand äußerte, Kohl sei nicht fähig sich in die Gemütslage anderer europäischer Länder hineinzuversetzen und habe offensichtlich vergessen, dass die Teilung Deutschlands das Ergebnis des von Deutschland begonnenen Krieges sei, stimmte ihr Mitterand voll und ganz zu. Am 5. Januar 1990 beklagte sich der britische Botschafter in Bonn gegenüber Außenminister Hurd, dass das Ansehen des Vereinigten Königreiches in Bezug auf die deutsche Einheit derart negativ sei, während die Franzosen, die sogar noch größere Befürchtungen vor einem größeren Deutschland hätten, vergleichsweise positiv wahrgenommen würden. Am deutlichsten wird Mitterands Schönfärberei durch die Protokolle vom 20. Januar 1990. Hier bekundet Mitterand gegenüber Thatcher seine Besorgnis darüber, dass die plötzliche Aussicht auf Wiedervereinigung den Deutschen scheinbar einen mentalen Schock versetzt habe. Dadurch hätten sie sich ein weiteres Mal in *bad Germans* verwandelt. Er ging sogar soweit zu behaupten, dass einige der Demonstrationen im Osten Deutschlands für die Einheit des Volkes von westdeutschen Agenten initiiert worden seien.[201] Es ist zwar denkbar, dass Mitterand

---

[201] Vgl. British Policy Overseas, S. 164, Letter from Mr Powell to Mr Wall, Strasbourg, 8 December 1989: *"[...] The Prime Minister said that Chancellor Kohl had no conception of the sensitivities of others in Europe, and seemed to have forgotten that the division of Germany was the result of a war which Germany had started"*. S. 190, Sir C. Mallaby to Mr Hurd, Bonn, 5 January 1990: *"[...] The French, on the other hand, whose doubts seem if anything stronger than ours, manage to maintain a more positive public image [...]."* S. 215, Letter from Mr Powell to Mr Wall, 10 Downing Street, 20 January 1990:

gegenüber Thatcher seine Darstellungen in mancher Hinsicht dramatisierte, um sich dem Zuspruch der Premierministerin sicher sein zu können. Allerdings sind die Gesprächsprotokolle zwischen Thatcher und Mitterand stets mit dem dringlichen Hinweis auf absolute Geheimhaltung versehen, so dass man davon ausgehen muss, dass die Londoner Dokumente die Ansichten Mitterands weitaus treffender darlegen, als seine bewusst an die Öffentlichkeit gerichteten Darstellungen. Ebenso spricht es nicht für Mitterands Glaubwürdigkeit, dass er sich in seiner Darstellung „Über Deutschland" gegenüber Thatchers feindseliger Politik bzgl. der Wiedervereinigung stets negativ äußert und vorgibt, er habe für die Ansichten und Vorstellungen der britischen Premierministerin von Anfang an keinerlei Verständnis gehabt.[202]

"[Mitterand said that] [t]he sudden prospect of reunification had delivered a sort of mental shock to the Germans. Its effect had been to turn them once again into the 'bad' Germans they used to be. They were behaving with a certain brutality [...]. He was convinced that some of the demonstrations in East Germany in favour of reunification had been encouraged by West German 'agents', who had provided the banners and other matieral calling for reunification [...]".

[202] Vgl. hierzu Mitterand: Über Deutschland, z.B. S. 29, S. 35f, S. 87f. Ebenso im Interview mit L'Express aus dem Jahre 1994: „Ich glaube, da[ss] [Thatcher] vor allem Deutschland und Frankreich trennen wollte und sich ärgerte, da[ss] dies nicht gelang." (auf die Frage, warum Thatcher in ihren Memoiren darüber klagt, dass Mitterand unfähig gewesen sei, private Erklärungen mit öffentlichen Akten abzustimmen).

Das Verhalten Mitterands scheint mit Helmut Kohls Bezeichnung „Doppelspiel"[203] durchaus treffend formuliert zu sein. Dennoch soll dies nicht bedeuten, dass Mitterands überwiegend positive Beurteilung Kohls durch die 2010 veröffentlichten Londoner Dokumente bedeutungslos erscheint. Jedoch sollten Mitterands Aussagen stets im Bewusstsein der Diskrepanz zwischen seinen öffentlichen und vertraulichen Aussagen dementsprechend relativiert werden.

3.2 PM Thatcher and Downing Street No. 10

3.2.1 Ausgangslage

Im Britischen Außenministerium stellte man zur zweiten Jahreshälfte 1989 fest, dass die „Deutsche Frage" von nun an die dominierende Thematik Europas sei. Gleichzeitig war man sich über die unbeirrbaren Vorbehalte von Premierministerin Thatcher bewusst und merkte an, dass ihre Haltung und nicht immer diplomatischen Äußerungen auf Unverständnis sowohl in Deutschland als auch in den USA treffen würden.[204] Laut Charles Powell, Thatchers außenpolitschem Berater, sei es nicht zu leugnen, dass die Premierministerin grundsätzlich kein

---

[203] Vgl. Kohl: Erinnerungen, S. 78

[204] Vgl. Documents on British Policy Overseas: S. 63. Fretwell to Synnott, 20, Oktober 1989: *"German question will be, from now on, the dominant issue in Europe."* S. 80. Minute from Sir Wright to Mr Wall: *"[...] no doubt that the Prime Minister's views, if they became known, would raise eyebrows (at least) both in Germany and in the United States."*

Diplomat gewesen sei.[205] In der Frage, wie man am besten während des Prozesses der deutschen Einheit vorgehen sollte und dabei größtmöglicher Einfluss zu gewinnen sei, konnten die Unterschiede zwischen der Premierministerin und dem Außenministerium größer nicht sein. Während man sich im Außenministerium schon bald damit anfreunden konnte, grünes Licht für die Einheit zu geben, versuchte Thatcher stets die Geschwindigkeit der Entwicklungen zumindest zu verringern. Am liebsten wäre ihr aber sicher der Status quo in der Deutschen Frage gewesen. Während sich Außenminister Douglas Hurd für die deutsche Einheit aussprach, versuchte Thatcher diese so lange wie möglich zu verhindern.[206] Dabei spielte zum einen sicherlich Thatchers Angst vor einem wiedererstarkten und zu großen Deutschland eine bedeutende Rolle.[207] Andererseits schien Thatcher ständig die Besorgnis geplagt zu haben, auf die sich überstürzenden Ereignisse keinen Einfluss mehr ausüben zu können. So notierte Powell am 8. Dezember 1989 auf dem EG-Gipfel in Straßburg:

„The Prime Minister feels that at the moment we are constantly lagging behind developments and there is no sense of direction in the West. We do not want to wake up one morning and find that events have moved entirely beyond

---

[205] Vgl. Powell, Charles: Tales form Margaret Thatcher's foreign travels, Quelle: http://www.telegraph.co.uk/news/newstopics/themargaretthatcheryears/1585111/Tales-from-Margaret Thatchers-foreign-travels.html (Stand: 14.12.2011).

[206] BBC-News: Thatcher's fight against German unity, Quelle: http://news.bbc.co.uk/2/hi/8251211.stm (Stand: 06.01.2012).

[207] Vgl. Thatcher: Downing Street No. 10: Die Erinnerungen (übersetzt von Heinz Tophinke u.a.), Düsseldorf S. 1064.

our control and that German reunification is to all intents and purposes on us. "[208]

3.2.2 Kohls Haltung zur NATO und Bekenntnis zum Westen

Über Helmut Kohls klares Bekenntnis zur NATO äußert sich Thatcher insgesamt positiv. In diesem Punkt schien die Premierministerin dem deutschen Kanzler zu vertrauen. Als es in der zweiten Hälfte der 1980er Jahre laut Thatcher immer dringender gewesen sei, über die künftige Organisation der NATO, der Modernisierung von Waffen sowie der Platzierung von Kurzstreckenraketen zu entscheiden, habe Helmut Kohl insgesamt eine solide Politik betrieben und eine überzeugende Grundhaltung eingenommen. Jedenfalls sei man sich bei Kohl sicher gewesen, dass dieser uneingeschränkt zum transatlantischen Bündnis stünde, während man bei Außenminister Genscher darüber durchaus Zweifel gehabt habe. Für Thatcher hätten Großbritannien, die USA und die Bundesrepublik die wahren Stützen der NATO repräsentiert. Zwar habe es mit Kohl in Sachen Modernisierung der NATO und Kurzstreckenraketen auch Streitigkeiten gegeben, da Kohl einige Male von seiner Linie etwas abgewichen sei. Jedoch habe sie dafür aufgrund des hohen innenpolitischen Drucks in der BRD Verständnis aufgebracht.[209] In Sachen NATO konnte sich Kohl dem Vertrauen der gesamten

---

[208] Documents on British Policy Overseas, S. 163.
[209] Vgl. Thatcher: Erinnerungen, S. 1086f.

britischen Regierung sicher sein. Kohls Beteuerung, ein vereintes Deutschland würde selbstverständlich Mitglied der NATO sein, wurde von niemandem in der britischen Regierung ernsthaft bezweifelt.[210]

Bestärkt sah sich Thatcher in ihrer Einschätzung durch Berichte der britischen Botschaft aus Bonn, die Helmut Kohl als zuverlässig beschrieben und ausdrücklich vor einem möglichen SPD-Kanzler Lafontaine warnten:

„An SPD-led government in Bonn, probably with the opportunistic and unpredictable Lafontaine as Chancellor, who is unsound to say the least on defence, would be far more difficult for us to handle on the critical questions about the future of NATO and European security than a government led by Kohl.“[211]

Die Bedeutung der NATO sei laut Thatcher mit der ausschlaggebende Punkt für die Entwicklungen von 1989 und 1990 gewesen. Das größte Verdienst komme aber nicht Bonn, nicht London und auch nicht Moskau zu. Hauptsächlich seien diese historischen Errungenschaften das Verdienst der Vereinigten Staaten und vor allem Präsident Ronald Reagans. Seine Politik des militärischen und wirtschaftlichen Wettstreites habe die Sowjetunion letztlich dazu gezwungen, das

---

[210] Vgl. British documents, S. 140: Mallaby to Hurd, 28. November 1989: *"Teltschik was at pains to stress that Federal German membership of NATO was not in question [...]. I am sure that Kohl and Teltschik are sincere about the Alliance."*

[211] Documents on British Policy Overseas: S. 220, Mallaby to Mr Weston, 24 January 1990.

Hegemoniestreben aufzugeben und einen Reformprozess einzuleiten.[212]

3.2.3 Der Zehn-Punkte-Plan: We beat the Germans twice, now they are back!

Über Kohls Alleingang mit dem Zehn-Punkte-Plan war die *Iron Lady* empört. Thatchers Bemerkungen lassen erahnen, dass sie über die darin gehegten Aussichten auf eine mögliche Wiedervereinigung alles andere als begeistert war. Viel schwerwiegender dürfte in diesem Moment aber für sie gewesen sein, dass sie von Kohl zuvor nicht persönlich darüber informiert worden war. Bereits am 10. November betonte Thatcher in einem Telefonat mit Kohl stets die Wichtigkeit, nun nicht in Euphorie zu verfallen und die kommenden politischen Entscheidungen Schritt für Schritt und wohldurchdacht anzugehen.[213] Bereits vor dem Zehn-Punkte-Plan habe Kohl durch seine Akzentuierung auf das Selbstbestimmungsrecht dazu beigetragen, die Euphorie zu steigern.[214] Die Verärgerung Thatchers über Kohls Alleingang wurde wohl dadurch noch gesteigert, dass Bonn nur wenige Tage zuvor ausdrücklich betont hatte, dass man sich über die Wichtigkeit einer Politik der kleinen Schritte bewusst sei. Dies hatte

---

[212] Vgl. Thatcher: Erinnerungen, S. 1125.
[213] Vgl. hierzu Telefongespräch Kohls mit Thatcher vom 10. November 1989, in: Küsters: Dokumente, S. 505-507.
[214] Vgl. Thatcher: Erinnerungen, S. 1098f.

Kohl noch persönlich Außenminister Hurd in einem Telefongespräch versichert.[215] Mit dem Zehn-Punkte-Plan scheint für Thatcher schließlich der Höhepunkt der Verfehlungen Kohls erreicht gewesen zu sein. Dass er sich zuvor nicht mit den Verbündeten abgesprochen hatte, sei ein eindeutiger Verstoß gegen den Geist des Pariser Gipfeltreffens gewesen.[216] Auch im britischen Außenministerium sowie der Botschaft in Bonn bewirkte Kohls Alleingang erst einmal Unverständnis, insgesamt bewertete man dort Kohls Zehn-Punkte-Plan aber etwas entspannter. Es sei sehr hilfreich und zu begrüßen, dass Kohl für den Prozess einer möglichen Wiedervereinigung keinen Zeitplan genannt habe und weitere Schritte eng mit der europäischen Entwicklung abstimmen wolle.[217]

Umso wichtiger schien es für Thatcher von nun an zu sein, der Entwicklung den Wind aus den Segeln zu nehmen. Sie sah sich in ihrem Misstrauen gegenüber den Deutschen bestärkt. Thatcher glaube an einen Nationalcharakter, der durch viele komplizierte Faktoren geprägt sei. Schon seit der Einigung unter Bismarck würden die Deutschen zwischen Aggression und Selbstzweifeln hin und her schwanken. Ein wiedervereinigtes Deutschland sei letztlich viel zu

---

[215] Vgl. Documents British Policy Overseas, S. 125. Hurd to Braithwaite (Moscow): *"West Germany's leaders have been at pains to stress the importance of a step-by-step approach to change in the GDR [...]. Chancellor Kohl has assured me of this personally when we spoke on the telephone."*

[216] Vgl. Thatcher: Erinnerungen, S. 1100.

[217] Vgl. Documents British Policy Overseas, S. 143. Mallaby to Hurd: *"It is helpful that Kohl has set no timescales and has linked his programme to wider European developments [...]."*

groß und mächtig und würde in Europa die Führungsrolle einnehmen. So könnte sich Deutschland auf Kosten anderer Geltung und Macht verschaffen. Daher sei sie überzeugt, dass Deutschland vom Wesen her eher eine destabilisierende als eine stabilisierende Kraft im europäischen Gefüge sei.[218] Ausgerechnet die Ansichten der Premierministerin waren damit nicht repräsentativ für die britische Regierung insgesamt. Wie bereits erwähnt, vertrat Außenminister Hurd durchaus andere Ansichten und versuchte Thatcher aufgrund der politischen Entwicklungen von der Wichtigkeit guter Beziehungen zu Deutschland, der öffentlichen Unterstützung für die deutsche Einheit sowie einem klaren Bekenntnis zur von Kohl geführten Bonner Regierung zu überzeugen:

„Dear Prime Minister,

[...] I think it is on the lines of our recent discussions, and that to say less about unification at this stage would weaken our influence on the transition – you will have seen how the idea of transition has caught on. If you agree, I w[oul]d like to have short tête à tête with Kohl, giving him a message from you – to the effect that you think it crucially important from all points of view that the CDU sh[oul]d win in the autumn, will do whatever you can to help [...]."[219]

---

218 Vgl. Thatcher: Erinnerungen, S. 1095.

219 Documents on British Policy Overseas, S. 248, Letter from Mur Hurd to the Prime Minister, 2 February 1990.

Hurd war vor allem um das Ansehen Großbritanniens besorgt und fürchtete nicht zu Unrecht, dass Thatchers Politik den Einfluss- und Geltungsbereich Londons dramatisch einengen würde.[220]

3.2.4 Oder-Neiße

In der Grenzfrage merkt Thatcher kritisch an, dass Kohl von Anfang an viel zu unpräzise gewesen sei. Seine Äußerungen, dass die Oder-Neiße-Linie nicht zum juristischen Problem werden solle, hätten unnötig für Verwirrung gesorgt. Außerdem habe dies gezeigt, dass der Kanzler zu keinem Zeitpunkt ein Verständnis für die Ängste und Empfindlichkeiten der Polen aufgebracht habe.[221] Kohl sei schlicht unwillig gewesen, einen ordentlichen Vertrag zur deutsch-polnischen Grenze abzuschließen, womit der Kanzler die internationale Politik unnötig verkompliziert habe. Thatcher habe auf Kohl eingeredet und Druck auf ihn ausgeübt, dass dieser Klärung in die strittige Frage bringe. Darauf habe sie allerdings wiederum keine eindeutige Aussage erhalten. Es habe noch vieler Gespräche bedurft, bis der Kanzler schließlich bereit gewesen sei, den Verlauf der Grenze zwischen Deutschland und Polen im November 1990 vertraglich festzuschreiben.

---

[220] Documents British Policy Overseas, z.B. S. 215, Mr Cooper to Mr Weston, 18 January 1990. *"Our number one foreign policy priority should be better and closer relations with Germany."* Ebenso S. 340, Sir Acland to Mr Weston, 14 March 1990: *"[...] [O]f course it would help if the Prime Minister could sometimes say some nice things in public about Kohl and Germany."*

[221] Vgl. Thatcher: Erinnerungen, S. 1103.

Dies sei nicht zuletzt auf den von Thatcher ausgeübten Druck zurückzuführen.[222]

Dass der Großteil der britischen Regierung in der Deutschlandpolitik völlig anders dachte als Thatcher selbst, wird an dieser Stelle wiederum deutlich. In Fragen der Oder-Neiße-Linie trat man in der britischen Regierung weitaus realpolitischer auf als die Premierministerin selbst. Natürlich sei es unabdingbar, dass im Zuge einer Wiedervereinigung Deutschlands die Grenzfrage gelöst werde. Ferner sei es wünschenswert, dass sich Kohl dazu baldmöglichst entsprechend äußere, da eine Verzögerung in dieser Frage in der Tat die europäische Stabilität gefährden könne. Jedoch stellte man nicht die Behauptung auf, Kohl habe kein Verständnis für die Empfindungen und Ängste der Menschen in Polen aufgebracht. Über die tatsächlichen Beweggründe Kohls war man sich bewusst. Der Kanzler würde sich momentan aufgrund wahltaktischer Gründe zu diesem Thema nicht äußern.[223]

Insgesamt sei die Wiedervereinigung Deutschlands also das Ergebnis von vielen unterschiedlichen und komplexen Faktoren. So sei die Entwicklung ohne Ronald Reagans Verdienst in Sachen des

---

[222] Vgl. Thatcher: a.a.O., S. 1106.

[223] Vgl. Documents on British Policy Overseas, S. 186: Private Secretary, submission from Sir P. Wright, 20 December 1989: *"The paper on German reunification should cover the need to settle the question of Germany's eastern frontier [...]. At the moment Kohl [is] systematically avoiding this problem for electoral reasons. This [is] dangerous for European stability."*

militärischen und wirtschaftlichen Wettstreits mit der UdSSR, der nach Thatchers Auffassung damit Gorbatschow gezwungen habe, das Hegemoniestreben aufzugeben, nicht möglich gewesen. Dies habe einen Reformprozess erzwungen, an dessen Ende der Einsturz des kommunistischen Systems gestanden habe. Jedoch hätte dies wiederum ohne den ausdauernden und mutigen Widerstand des Volkes in der Sowjetunion sowie Mittel- und Osteuropa auch nicht gelingen können. Ebenso sei Präsident George Bush Senior zu nennen, der in dieser schwierigen Phase mit großem diplomatischem Geschick gehandelt habe. Darüber hinaus hätten auch die europäischen Verbündeten ihren Anteil, indem sie an der Verteidigung des Westens festgehalten und manchem Umgarnungsversuch der Sowjetunion standgehalten hätten. Hier sei auch Helmut Kohl namentlich zu nennen. Dennoch betont sie nur Zeilen später, dass durch den Prozess der deutschen Einheit das Schreckgespenst aus der Vergangenheit – die Deutsche Frage - wieder aufgetaucht sei.[224]

3.2.5 Auswirkungen

Und so fällt Thatchers zusammenfassendes Resümee doch sehr negativ aus. Zwar vermeidet sie es schließlich, Kohl noch einmal persönlich für die ihr unlieben Entwicklungen verantwortlich zu machen, doch sieht die Premierministerin deutlich verbittert auf diese Zeit zurück.

---

[224] Vgl. Thatcher: Erinnerungen, S. 1124-1127.

Der Eindruck, dass sie die deutsche Einheit als eine persönliche Niederlage betrachtet, will auch nicht schwinden. Die deutsche Wiedervereinigung betreffend sei Thatcher politisch gescheitert. Die nationalistische Begeisterung in Deutschland sei zu groß gewesen. Übrigens hätten so gut wie alle Nachbarn Deutschlands gewünscht, diese Entwicklung zu verhindern. Sie sei nur die Einzige gewesen, die dies auch offen und ehrlich ausgesprochen habe.

Ebenso kritisiert Thatcher die politische Umsetzung der deutschen Einheit. Die BRD habe die DDR einverleibt. Dies habe zu einer wirtschaftlichen Katastrophe geführt, die sich auf die Europäische Gemeinschaft ausweiten würde. Auch Großbritannien habe aufgrund der wirtschaftlichen Folgen der deutschen Einheit in Europa mit erhöhter Arbeitslosigkeit und Rezession zu bezahlen. Bestärkt sieht sie sich in ihrer Kritik, dass alles zu schnell gegangen sei. Die Menschen im Osten Deutschlands seien politisch unreif, daher sei nach der Einheit dort ein Neonazismus entstanden und ein ausländerfeindlicher Extremismus habe sich über Deutschland ausgebreitet. Zuallerletzt kommt Thatcher auf ihre grundlegende Befürchtung zurück. Politisch sei Deutschland nun zu groß und dominant, um problemlos in die neue Architektur Europas hineinzupassen.[225]

Die Verbitterung in Thatchers Erinnerungen ist an dieser Stelle nicht zu übersehen. Es steht außer Frage, dass die *Iron Lady* die deutsche Einheit verhindern wollte. Eine enge und vertrauensvolle Beziehung

---

[225] Vgl. Thatcher: Erinnerungen, S. 1124-1127.

war daher von vornherein ausgeschlossen. Dennoch hatte Kohl zu Außenminister Hurd ein gutes Verhältnis und auch die Londoner Dokumente verdeutlichen, dass man in der britischen Regierung in Helmut Kohl einen verlässlichen Partner sah.

Thatchers Worte und Beurteilungen sollten stets im Lichte ihrer Vorbehalte gegenüber einem zu großen Deutschland gesehen werden, die zumindest teilweise durch ihre eigenen Erfahrungen während des zweiten Weltkrieges zu erklären sein dürften. Daher symbolisiert die deutsche Einheit für Thatcher nicht nur eine politische, sondern auch eine persönliche Niederlage. Abschließend lässt sich dies mit Powells kurzen, aber prägnanten Worten zusammenfassen:

„[Margaret Thatcher] did not win all her battles, with German reunification the prime example.“[226]

3.3 Die Einschätzung der US-Administration

*„**Mit**? Unterstützung Amerikas ließ Helmut Kohl durch seine Vision, seinen Mut und seine Hartnäckigkeit die Hoffnungen einer ganzen Generation wahr werden. [...] Helmut Kohl besann sich auf [...] die Vollendung Europas [...].“*[227]

Henry Kissinger über Helmut Kohl

---

[226] Powell, Charles: Tales from Margaret Thatcher's foreign travels.

[227] Kissinger, Henry: Amerika und Deutschland: Politik unter Freunden, in: Vogel, Bernhard (Hrsg.): Ein Leben für Deutschland und Europa, S. 39.

3.3.1 Persönliches Vertrauen in Helmut Kohl

Der folgende Tagebucheintrag von Ronald Reagan verdeutlicht, dass Kohl bereits in den frühen achtziger Jahren eine solide Freundschaft zwischen Bonn und Washington aufgebaut hatte.

Friday, November 30, 1984:

„[...] Helmut Kohl arrived & we had a good meeting & pleasant lunch. He's a good friend & solid ally."[228]

Dieses gute Verhältnis zwischen dem deutschen Bundeskanzler und amerikanischen Präsidenten sollte in der Freundschaft zu Reagans Nachfolger George Bush seinen Höhepunkt erreichen, wie in diesem Kapitel zu zeigen sein wird.

Während Präsident George Bush, Außenminister James Baker und Sicherheitsberater Brent Scowcroft politisch nicht immer einer Meinung waren, fällt ihr Urteil in Bezug auf das in Kohl gesetzte Vertrauen eindeutig positiv aus. Die Bush-Administration sei sich von Anfang an sicher gewesen, dass man Kohl und der Bonner Regierung vollends vertrauen könne. Das neue Deutschland habe mit den dunklen Kapiteln seiner Geschichte schon lange gebrochen. Die BRD habe man als gefestigte Demokratie mit Vorbildcharakter gesehen.[229] Zehn Jahre

---

[228] Reagan, Ronald: The Reagan Diaries, S. 165.

[229] Vgl. Baker, James: Drei Jahre, die die Welt veränderten. Erinnerungen (aus dem Englischen von Yvonne Badal), Berlin 1996, S. 150. Ebenso Bush, George/Scowcroft, Brent: Eine Neue Welt. Amerikanische

nach der Wiedervereinigung blickt Bush zurück und bekräftigt, dass das in die BRD gesetzte Vertrauen nicht enttäuscht worden sei. Und dies habe zu einem großen Teil an Helmut Kohl persönlich gelegen, der durch seine Menschlichkeit und persönlichen Anstrengungen das transatlantische Verhältnis zwischen den Vereinigten Staaten und Deutschland nachhaltig gefestigt habe. Dadurch sei der Prozess der Wiedervereinigung deutlich erleichtert worden.[230]

Das Vertrauen gegenüber Kohl wird bei dem Vergleich mit der Ostpolitik der Vorgängerregierung besonders deutlich. Laut Außenminister James Baker habe die Ostpolitik der 70er Jahre eine mögliche Wiedervereinigung behindert. Baker, der zwar auch gegenüber der aus seiner Sicht naiven und sentimentalen Außenpolitik des Bush-Vorgängers Ronald Reagan äußert skeptisch war,[231] erschien die Annäherungspolitik der 70er Jahre zu einseitig und mit zu vielen Konzessionen an die Sowjetunion und DDR behaftet.[232]

Auch Brent Scowcroft hatte großes Vertrauen in Helmut Kohl. Man habe sich auf den Kanzler der BRD verlassen können und ihn

---

Außenpolitik in Zeiten des Umbruchs (aus dem Amerikanischen von Stephan Fuchs), Hamburg 1999, S. 8.

[230] Vgl. Bush: Neue Welt, S. 12.

[231] Vgl. Spiegel-Online. Deutsche Wiedervereinigung. „Jim, bist du sicher, dass Kohl einverstanden ist?",
Quelle:
http://einestages.spiegel.de/static/topicalbumbackground/5668/_jim_bist_du_sicher_dass_kohl_einverstanden_ist.html (Stand: 15.12.2012).

[232] Vgl. Baker: Drei Jahre, die die Welt veränderten, S. 150.

gegenüber den Sozialdemokraten, die sich seit Brandt und Schmidt deutlich nach links bewegt hätten, definitiv bevorzugt. Darüber hinaus sei man von möglichen SPD-Kanzlern auch schon deshalb eher abgeneigt gewesen, da diese sich z.B. für die Abschaffung von Atomwaffen eingesetzt und somit der Sowjetunion außenpolitisch in die Hände gespielt hätten. Anders unter Kanzler Kohl, der auch gegen innenpolitischen Druck in seinen Grundprinzipien standfest geblieben sei.[233] Im Weißen Haus hatte man gegenüber Kohl Vertrauen aufgebaut. „Loyalität", so Henry Kissinger, „gehörte stets zu den herausragenden Eigenschaften Helmut Kohls."[234]

George Bush spricht über die persönliche Beziehung zu Helmut Kohl oft in Superlativen. Freilich mag seine Formulierung dabei rückblickend von manch Übertreibung nicht frei sein. Jedoch wird bei näherer Betrachtung der uns vorliegenden Dokumente deutlich, dass der 41. Präsident der Vereinigten Staaten in der Tat dem Kanzler der deutschen Einheit eine enorm hohe Wertschätzung entgegenbringt. Bush sieht in Kohl den letzten europäischen Kanzler Deutschlands. Kohls grundsätzliche politische Ausrichtung sei gewesen, nicht allein nach eigenen Interessen zu handeln, sondern stets eine enge Verbindung zu den Nachbarn Deutschlands zu pflegen und die wirtschaftliche Integration Europas voranzutreiben.[235] „Helmut" sei seit jeher ein treuer Freund der USA gewesen und habe immer fest zur Solidarität in der NATO gestanden. Vor allem in der Frage zur

---

[233] Vgl. Bush: Neue Welt, S. 33.
[234] Kissinger, Henry: Amerika und Deutschland, S. 35.
[235] Vgl. Bush: Neue Welt, S. 11.

künftigen Bündniszugehörigkeit eines wiedervereinigten Deutschlands habe man an Kohl niemals gezweifelt. Anders bei Außenminister Genscher, dessen Grundüberzeugungen nicht immer eindeutig gewesen seien.[236]

Zusammenfassend sei Kohl ein „vollendeter Politiker […], vielleicht der fähigste, den [Bush] jemals gekannt habe und [er] bewundere ihn bis heute."[237] Symbolisch wurde dieses große und gegenseitige Vertrauen durch den Besuch Kohls in Camp David im Februar 1990 deutlich, zu dem Genscher nicht eingeladen war. In der Tat ging dieses Treffen sogar auf den Vorschlag Kohls selbst zurück, der Bush entgegnete, man solle möglichst in einem Zweiergespräch die wichtigsten Fragen gemeinsam analysieren. Kohl, nicht Bush, habe Camp David vorgeschlagen. Der amerikanische Präsident sei davon begeistert gewesen, was mitunter auch den Einfluss Kohls auf Bush widerspiegelt. Bush schildert die angenehmen und entspannten Gespräche. Zwar habe es auch einige strittige Punkte gegeben, jedoch sei die Atmosphäre eine sehr freundschaftliche gewesen, die Bush einmal mehr davon überzeugt habe, wie sehr er sich auf den deutschen Kanzler verlassen könne.[238]

---

[236] Vgl. Baker: S. 192f. Brent Scowcroft äußert sich kritisch zu Genschers Haltung in der Frage der Bündniszugehörigkeit, vgl. Bush: Neue Welt, S. 213 u. S. 223.

[237] Vgl. Bush: Neue Welt, S. 39.

[238] Vgl. Bush: a.a.O., S. 208 u. S. 232.

3.3.2 Politische Zusammenarbeit

Ausgangssituation

Eine mögliche deutsche Wiedervereinigung wurde über Jahre hinweg immer wieder von allen amerikanischen Regierungen unterstützt. Laut Bush sei dies oft nicht mehr als eine rhetorische Floskel gewesen und der Tribut an die Wiedervereinigung habe so gut wie keine operative Bedeutung mehr gehabt. Zu Beginn des Jahres 1989 habe man in den USA daher die Wiedervereinigung Deutschlands als genauso weit entfernt wie in den vorhergehenden 40 Jahren gesehen. Ähnlich äußert sich dazu auch Brent Scowcroft. Vor dem Fall der Berliner Mauer sei die Frage nach einer möglichen deutschen Wiedervereinigung nicht mehr als ein Raunen im Dunkeln gewesen. Mit dem 9. November sei sie unmittelbar ins Rampenlicht gerückt worden.[239]

James Baker schätzte die Lage Anfang 1989 anders ein. Er scheint bei seinem Amtsantritt das richtige Gespür gehabt zu haben. Baker sprach schon in den ersten Monaten des Jahres 1989 von der Sowjetunion als einer Großmacht im Abstieg und wusste, dass durch eine geschickte politische Strategie die deutsche Frage enorm an Geschwindigkeit gewinnen könnte.[240] Nach eigenen Aussagen habe Baker dies auch dem Präsidenten so geschildert.[241]

---

[239] Vgl. Bush: a.a.O., S. 147f. u. S. 140.
[240] Vgl. Spiegel-Online: Deutsche Wiedervereinigung
[241] Vgl. Baker: Drei Jahre, die die Welt veränderten, S. 149.

3.3.3 Der Zehn-Punkte-Plan

Man sei über Kohls Zehn-Punkte-Plan freilich überrascht gewesen. Bush zeigt aber durchaus Verständnis für die Initiative des Kanzlers. Es sei zwar nachvollziehbar, dass Kohl mit seinem Plan in Europa Verwirrung erzeugt habe. Bei genauer Betrachtung seien seine Beweggründe aber verständlich. Der Zehn-Punkte-Plan sei voller Versprechungen und guten Willens gewesen. Der deutsche Bundeskanzler habe fast niemanden vorab darüber informiert, damit die Initiative nicht zerredet würde. Dass der Kanzler in einer solchen Situation die Initiative eigenmächtig ergriff, sei richtig gewesen.[242]

Ähnlich äußert sich auch James Baker. Man hätte es zwar vorgezogen, wenn Kohl die amerikanische Regierung vorab in Kenntnis gesetzt hätte (der Kanzler hatte bewusst die Zeitverschiebung bedacht, so dass Washington auf das Schreiben nicht mehr vor Kohls Rede reagieren konnte). Jedoch habe man in dieser hektischen Zeit für außergewöhnliche Maßnahmen Verständnis gehabt. Darüber hinaus sei auch sehr beruhigend gewesen, dass Kohl unmittelbar nach seiner Rede Präsident Bush in Washington angerufen und ihm seine Umstände erläutert habe. Insgesamt sei der Zehn-Punkte-Plan ein relativ bescheidener Vorschlag ohne große Ansprüche und ein umsichtiges Rahmenwerk für den Prozess der Wiedervereinigung gewesen.[243]

---

[242] Vgl. Bush: Neue Welt, S. 158f.
[243] Vgl. Baker: Drei Jahre, die die Welt veränderten, S. 158.

Brent Scowcroft hingegen äußert sich als einziger der damaligen US-Administration etwas verhaltener gegenüber Kohls Zehn-Punkte-Plan. So sei Scowcroft durchaus besorgt über Kohls unerwarteten Alleingang gewesen. Scheinbar sah Scowcroft auch einen Vertrauensbruch darin. Kohl sei zu dieser Zeit noch nicht ganz auf der Höhe der Zeit gewesen und ihm seien dabei diplomatische Fehler unterlaufen. Zwar habe der Zehn-Punkte-Plan den grundlegenden Ansatz zur Zusammenarbeit und zu einer möglichen Wiedervereinigung enthalten, jedoch habe er die internationalen Sicherheitsaspekte, insbesondere das Verhältnis eines geeinten Deutschlands zur NATO und die Frage der Grenzen, ignoriert. Dadurch habe Kohl unnötig Verunsicherung erzeugt. Nun habe die USA die Bedenken der Briten, Franzosen und Sowjets mildern müssen. Zwischen den Zeilen lässt sich ebenfalls Kritik an Präsident Bush erkennen, der sich wohl von Anfang an schon fest entschieden hatte, uneingeschränkt an der Seite Kohls zu stehen und die Wiedervereinigung immer deutlicher unterstützt habe.[244]

---

[244] Vgl. Bush: Neue Welt, S. 160f.

3.3.4 Feste Grundprinzipien - schlechte Öffentlichkeitsarbeit

Wiederum war man sich bereits unter der Präsidentschaft Reagans sicher, dass man Kohl in Bezug auf das transatlantische Bündnis uneingeschränkt vertrauen könne. Dass sich Kohl trotz des enormen innenpolitischen Drucks Anfang der achtziger Jahre ohne Zweifel zum NATO-Doppelbeschluss bekannte, hat ihm Ronald Reagan niemals vergessen.[245] In Sachen der künftigen Bündniszugehörigkeit hatte George Bush zwar keinen Zweifel daran, dass Kanzler Kohl sich für das westliche Bündnis aussprechen würde. Jedoch war man in der amerikanischen Regierung mit der Öffentlichkeitsarbeit der Bonner Regierung in dieser Hinsicht nicht zufrieden. Das grundlegende Problem dabei war die Tatsache, dass Gorbatschow über Monate hinweg stets darauf bestanden hatte, ein wiedervereinigtes Deutschland könne niemals Mitglied der NATO sein. Die Vorschläge aus Moskau erstreckten sich von der Idee eines deutschen Staates in beiden Bündnissen bis zu einem völlig neutralen Deutschland.[246] Diese Spekulationen aus Moskau riefen in der amerikanischen Regierung große Befürchtungen hervor. Wenn Deutschland beispielsweise das Bündnis verlassen würde, wäre es so gut wie unmöglich gewesen, amerikanische Truppen in Europa zu halten. Daher war für die US-

---

[245] Vgl. Reagan, Ronald: The Reagan Diaries, S. 145: *Monday, July 11, 1983: "The Chancellor really stood firm on our unity & that we were going to deploy intermediate range missiles in Europe."*
[246] Vgl. Bush: Neue Welt, S. 153.

Administration von Anfang an wichtig, von Kohl ein unmissverständliches Bekenntnis zur NATO und den amerikanischen Truppen auf deutschem Boden zu bekommen.[247] Die aus amerikanischer Sicht mangelnde Bonner Öffentlichkeitsarbeit sorgte mitunter dafür, dass Scowcroft scheinbar teilweise die Befürchtung hatte, Kohl könne für den Preis der Einheit der Neutralität Deutschlands doch zustimmen.[248]

Bush war mit dem innenpolitischen Druck in Bonn sehr vertraut und zeigt sich auch im Rückblick sehr beeindruckt von Kohls Standfestigkeit und Durchsetzungsvermögen. So sei ihm schon als Vizepräsident unter Ronald Reagan bewusst geworden, welche Herausforderungen der Kanzler erfolgreich zu bewältigen imstande gewesen sei. Anfang der achtziger Jahre nämlich, als die Allianz vor einer ihrer größten Herausforderungen des Kalten Krieges gestanden habe (v.a. der Entscheidung über die Aufstellung der Pershing II-Raketen) sei nicht zuletzt durch Helmut Kohl die deutsch-amerikanische Beziehung gefestigt worden. Damals hätte man leicht Zweifel an Deutschlands Fähigkeit haben können, an der Seite der Vereinigten Staaten und der NATO zu verbleiben. Doch jegliche Zweifel habe Kohl durch seine Standfestigkeit beiseite geschafft. Andere Führungspersönlichkeiten hätten aufgrund des innenpolitischen Drucks den Kurs geändert, auf Kohl aber sei Verlass gewesen.[249] Auch

---

[247] Vgl. Bush: a.a.O., S. 205.

[248] Vgl. Bush: a.a.O., S. 209.

[249] Vgl. Vogel, Bernhard (Hrsg.): Ein Leben für Deutschland und Europa (hier Grußadressen aus aller Welt: George Bush sen.), S. 105f.

Kissinger bekennt sich zu Kohls festen Standpunkten zum transatlantischen Bündnis und verweist vor allem auf die schwierige innenpolitische Lage in der BRD Anfang der 80er Jahre. Damals habe Kohl bewiesen, dass er sich trotz starkem Gegenwinds von seinen Prinzipien nicht abbringen lasse.[250] Bei genauer Betrachtung wird deutlich, dass sich die vereinzelt geäußerte Kritik bzgl. der Frage der künftigen Bündniszugehörigkeit auf Außenminister Genscher bezieht. Besonders verwirrt hatten die Amerikaner einige Aussagen Genschers, wie in einem wiedervereinigten Deutschland das Territorium der dann ehemaligen DDR in Sachen Nato aussehen würde sowie seine Offenheit gegenüber Schewardnadses Angebot einer deutschen Vereinigung, bevor die äußeren und militärischen Aspekt hierzu geklärt seien (*somit wäre Deutschland die volle Souveränität de facto verwehrt geblieben – eigene Anmerkung*).[251] Laut Scowcroft habe Genscher hier fundamentale Fragen offen gelassen. Darüber hinaus habe man nicht erkennen können, wie Genscher zu der künftigen Rolle der Bundeswehr sowie der Präsenz amerikanischer Truppen auf deutschem Boden stünde. In Washington habe sich der Eindruck verfestigt, Genscher wolle insgeheim die Rolle der vier Mächte im Prozess der Wiedervereinigung umgehen (über Genschers „You are not part of the game"[252] gegenüber dem italienischen Außenminister

---

[250] Vgl. Kissinger, Henry. Amerika und Deutschland, S. 37.

[251] Vgl. hierzu das Spiegel-Gespräch mit Genscher, Der Spiegel (20/1990): „Nicht den Buchhaltern überlassen". Spiegel-Gespräch mit Außenminister Hans-Dietrich Genscher über den Streit um die Souveränität Deutschlands, 14.05.1990, S. 28-30.

[252] Vgl. Genscher: Erinnerungen, S. 729.

war man ebenfalls wenig erfreut). Sein Vorschlag, die beiden deutschen Staaten sollten die Ausgestaltung ihres Zusammenschlusses selbst bestimmen und anschließend von der KSZE absegnen lassen, habe in Washington Kopfschütteln und Irritation hervorgerufen. Kohl und Genscher hätten sich nicht immer detailliert genug abgesprochen und so sei gelegentlich der Eindruck entstanden, es gebe keinen einheitlichen Kern ihrer Politik. Dadurch habe die Koalitionsregierung in Bonn die Außenpolitik sowohl für die Bundesregierung selbst als auch für die US-Regierung unnötig erschwert.[253]

Dass Gorbatschow letzten Endes der Bündniszugehörigkeit eines vereinten Deutschlands in der NATO zustimmte, sei insgesamt das Verdienst der US-Regierung und vor allem George Bushs gewesen. Als Gorbatschow am 30. Mai zum zweiten Gipfeltreffen in den Vereinigten Staaten eintraf, habe er sich für ein Deutschland ausgesprochen, das seiner Ansicht nach beiden Bündnissen angehören solle.[254] Daraufhin habe Bush an die Schlussakte von Helsinki hingewiesen, nach derer Länder das Recht haben, ihre Bündnisse frei zu wählen. Plötzlich passierte das völlig Unerwartete. Gorbatschow antwortete unmittelbar mit „Ja, das ist korrekt!". Absolute Stille im Raum. Gorbatschows Berater seien daraufhin sehr unruhig geworden. Robert Blackwill, persönlicher Berater von George Bush, habe als Erster reagiert und Bush einen Zettel zugeschoben, um ihm mitzuteilen, dass er Gorbatschow dazu bringen solle die Aussage noch

---

[253] Vgl. Bush: Neue Welt, S. 213f. u. S. 224.
[254] Der Gesprächsverlauf hierzu in Galkin: Sowjetische Dokumente, S. 432-442.

einmal zu wiederholen. Schewardnadse und die anwesenden Berater hätten versucht auf Gorbatschow noch Einfluss zu nehmen. Doch es half nichts, Gorbatschow hatte eine eindeutige Aussage gegeben. Der sowjetische Generalsekretär habe wohl erst kurz darauf bemerkt, was er mit seinen Aussagen bewirkt habe und daraufhin versucht, seine Bemerkungen entsprechend zu relativieren.[255] Jedoch ohne großen Erfolg. Bush hatte Gorbatschow entscheidende Aussagen entlocken können und somit einen Durchbruch in Richtung Wiedervereinigung erzielt. Die sowjetische Delegation, so Baker, würde dies allerdings wohl eher als „Schiffbruch" bezeichnen.[256]

Die Frage der künftigen Grenze zu Polen brachte einige Streitpunkte hervor. Die amerikanische Regierung hatte zwar keine Befürchtungen dahingehend, dass eine deutsche Regierung unter Kohl die bestehende Grenze in Frage stellen würde.[257] Jedoch war man in Washington ein weiteres Mal mit den öffentlichen Aussagen unzufrieden. Scowcroft sei sehr enttäuscht gewesen, als Kohl bei der Pressekonferenz anlässlich des Treffens in Camp David, welches an sich ein großer Erfolg gewesen sei, der Grenzfrage ständig auswich. Kohl habe sich

---

[255] Vgl. Baker: Drei Jahre, die die Welt veränderten, S. 225-227 und Bush: Neue Welt, S. 275.

[256] Baker: Drei Jahre, die die Welt veränderten, S. 227.

[257] Kohl hatte dies auch in Camp David mehrfach bekräftigt und davon gesprochen, dass die Grenzfrage im Grunde kein großes Problem sei. Dieses sei lösbar, aber es gehe um die richtige Methode und man müsse die psychologischen Gründe aller Beteiligten berücksichtigen. Hierzu Küsters: Dokumente, s. 863.

zwar juristisch gesehen korrekterweise stets darauf berufen, dass nur ein vereintes Deutschland über die. Grenzfrage entscheiden könne. Jedoch hätte Kohl ja ohne weiteres sagen können, dass sich Bonn vollends zu den bestehenden Grenzen bekenne und dies von der ersten Regierung in einem wiedervereinigten Deutschland letzten Endes ratifiziert werden würde.[258]

Rückblick

Insgesamt wird deutlich, dass v.a. der damalige amerikanische Präsident Bush mit Helmut Kohl hervorragend zusammenarbeiten konnte. Er habe Kohl immer vertraut und seine Standfestigkeit bewundert. So sei z.B. Kohls Entscheidung, den Ostdeutschen 1990 die Währungsunion anzubieten heftig kritisiert worden. Doch Kohl setzte sie aus Überzeugung durch und die Realisierung habe ohne Zweifel das Chaos und die drohende Krise vermieden, die durch eine Flut von Umsiedlern entstanden wäre.[259] Das Besondere an Kohl sei auch gewesen, dass er bei den wichtigen Entscheidungen nicht lange gezögert habe, was gerade für den Prozess der Wiedervereinigung im Jahre 1990 von so großer Bedeutung gewesen sei. Nur wenige Wochen nach dem Durchbruch bei Kohls Besuch im Kaukasus bei Gorbatschow hatte sich die weltpolitische Lage und die Konzentration der Amerikaner aufgrund der Ereignisse in der Golfregion grundlegend verschoben. Ebenso habe es Momente gegeben, in denen man nicht

---

[258] Vgl. Bush: Neue Welt, S. 239f.
[259] Vgl. Bush: a.a.O., S. 9.

habe voraussagen können, ob sich Gorbatschow längere Zeit an der Macht würde halten können.[260]

Und so kommt George Bush Senior im Jahr 2005 anlässlich des 75. Geburtstages Helmut Kohls rückblickend zu folgendem Schluss:

„Ich bin davon überzeugt, dass, wenn die Chronik unserer Zeit geschrieben wird, die Gelehrten ebenso wie ich den Schluss ziehen werden, dass wir mit Helmut Kohl als Kanzler den richtigen Mann an der richtigen Stelle im historisch richtigen Augenblick hatten. Es gibt meiner Auffassung nach nur wenige politische Führungspersönlichkeiten im Westen, die sich in diesem Maße um die Sache der Freiheit der Menschen verdient gemacht haben.“[261]

3.4 Sowjetunion: Gorbatschow und Schewardnadse

3.4.1 Menschliche Ausgangssituation

Gorbatschow spricht in seinen Erinnerungen von einer Entspannung in den Beziehungen zur Bundesrepublik während der Ära Willy Brandts, welche Anfang der achtziger Jahre allerdings wieder deutlich problematischer geworden seien.[262] Die Kritik an Helmut Kohl ist an dieser Stelle kaum zu übersehen. Dabei dürfte sicher der in dieser Arbeit bereits angesprochene Goebbels-Vergleich einer der

---

[260] Hierzu Baker: Drei Jahre, die die Welt veränderten, S. 178 u. S. 234.
   Ferner Bush: Neue Welt, S. 171.
[261] Vogel, Bernhard (Hrsg.): Ein Leben für Deutschland und Europa, S. 107.
[262] Vgl. Gorbatschow: Erinnerungen, S. 700.

Hauptfaktoren gewesen sein. Zu diesem Schluss kommt auch der damalige sowjetische Außenminister Eduard Schewardnadse in einem Interview mit der Zeitschrift „Focus" aus dem Jahre 2009. Die Zusammenarbeit selbst sei sowohl mit Kohl als auch Genscher durchaus gut und konstruktiv gewesen. Kohls einziger Fehler sei es gewesen, dass er „Gorbatschow mit Goebbels verglichen hatte." Noch lange Zeit sei die Empörung in der Sowjetunion darüber sehr groß gewesen.[263] Die persönlichen Beziehungen zwischen den Staatsmännern aus Bonn und Moskau waren anfangs also nicht die günstigsten gewesen. In den ersten beiden Jahren der Perestroika sei das Verhältnis in der Tat ein schlechtes gewesen. Bonn habe es an Mut gefehlt, auf Veränderungen in der Sowjetunion einzugehen. In der zweiten Hälfte der achtziger Jahre sei Bonn aber aktiv geworden und habe sich sehr darum bemüht, die Beziehungen zu verbessern. Helmut Kohl habe in Briefen und Telefongesprächen zu einem besseren Verhältnis beigetragen. Ebenso spricht Gorbatschow von konstruktiven und vertrauensvollen Gesprächen mit Bundespräsident Weizsäcker, Genscher und Franz-Josef-Strauß.[264]

Während Gorbatschow offen und ehrlich die Problematik der Beziehungen zu Bonn in den ersten Jahren unter Kohl anspricht, betont er umso mehr das Verdienst des Kanzlers zur Verbesserung der

---

[263] Vgl. Focus-online, Reitschuster Boris: „Wiedervereinigung: Und dann rief ich Gorbatschow an", 19.10.2009, Quelle: http://www.focus.de/politik/deutschland/20-jahre-wende/wiedervereinigung-und-dann-rief-ich-gorbatschow-an_aid_445826.html (Stand: 16.01.2012).

[264] Vgl. Gorbatschow: Erinnerungen, S. 702.

Zusammenarbeit. Bei einem Besuch des Kanzlers in Moskau im Oktober 1988 habe Kohl Gorbatschow anvertraut, wie wichtig ihm der enge persönliche Kontakt sei.[265] Die Gesprächsprotokolle hierzu verdeutlichen in der Tat den Wunsch beider Seiten nach einer besseren und engeren Zusammenarbeit.[266] Besonders gefallen habe Gorbatschow dabei die Menschlichkeit Kohls und die tiefen Einblicke, die er über Familiäres und Privates gegeben habe. Dies habe Gorbatschow sehr imponiert und in der Tat sei dieses Gespräch sehr wichtig gewesen, um das Verhältnis langfristig deutlich zu verbessern. Andernfalls wären die kommenden Monate bis hin zur Wiedervereinigung weitaus komplizierter geworden. Damals sei ein großer Schritt gemacht und ein neues Kapitel in den deutsch-sowjetischen Beziehungen aufgeschlagen worden.[267] Auch für Gorbatschow scheint ein menschliches und persönliches Verhältnis zueinander sehr wichtig gewesen zu sein. So stellte der sowjetische Generalsekretär am 13. Juni 1989 in Bonn gegenüber Kohl fest, dass moderne Politik ohne Menschlichkeit unseriös und nicht moralisch sei.[268]

Schewardnadse betont, dass er mit Kohl sehr gut zusammenarbeiten konnte. Auf die Frage, ob seine persönliche Beziehung zu Kohl in der Tat eher kalt gewesen sei und woran das gelegen haben könnte,

---

[265] Vgl. Gorbatschow: a.a.O., S 703.

[266] Hierzu das Gespräch Gorbatschows mit Kohl am 24. Oktober 1998 in Moskau, in: Galkin: Sowjetische Dokumente, S. 122-126.

[267] Vgl. Gorbatschow: Erinnerungen, S. 703f.

[268] Vgl. Küsters: Dokumente Deutschlandpolitik: S. 292.

antwortet er aber ausweichend. Mit Genscher verbinde ihn jedenfalls bis heute noch eine enge Freundschaft.[269] Diese Aussagen dürfen als Hinweis verstanden werden, dass die persönliche Beziehung zwischen Schewardnadse und Kohl durchaus noch ausbaufähig war.

3.4.2 Politische Ausgangssituation

Nachdem Schewardnadse als sowjetischer Außenminister zurückgetreten war, habe ihn Genscher einmal gefragt, wann er denn das erste Mal erkannt habe, dass die Wiedervereinigung unvermeidlich sei. Als Antwort habe er das Jahr 1986 genannt. Allerdings sei es damals in der Sowjetunion unmöglich gewesen, dieses Thema anzusprechen. Man habe die Ansicht vertreten, die Teilung Deutschlands garantiere die Sicherheit der Sowjetunion und des gesamten Kontinents.[270]

Gorbatschow schloss eine Wiedervereinigung Ende der achtziger Jahre kategorisch aus. Zwar beteuert er in seinen Erinnerungen, dass er im Jahre 1987 in Gesprächen mit Weizsäcker eine mögliche Einheit Deutschlands in ferner Zukunft nicht ausgeschlossen habe.[271] Diese Behauptung scheint aber nicht haltbar zu sein, wenn man einen

---

[269] Focus-online, Reitschuster Boris: „Wiedervereinigung: Und dann rief ich Gorbatschow an".

[270] Vgl. Schewardnadse, Eduard: Die Zukunft gehört der Freiheit, Hamburg 1991, S. 233.

[271] Vgl. Gorbatschow: Erinnerungen, S. 701.

genaueren Blick auf Gorbatschows Ausführungen in seinem Werk „Perestroika" wirft. Auch hierin schildert der sowjetische Generalsekretär sein Gespräch mit dem deutschen Bundespräsidenten über die Thematik zweier deutscher Staaten. Darin äußert sich Gorbatschow deutlich. Zum einen sei nicht die Sowjetunion für die Existenz zweier deutscher Staaten verantwortlich, sondern USA, Großbritannien und Frankreich. Viel wichtiger sei es aber, das Ergebnis des Potsdamer Abkommens vom 2. August 1945 nun zu akzeptieren. Sämtliche Erklärungen aus der BRD, welche die Legitimität der Vereinbarungen von Jalta und Potsdam in Zweifel zögen, seien keine Seltenheit.[272] Es wird schließlich deutlich, dass er Hoffnungen auf eine mögliche Wiedervereinigung als völlig unrealistisch ansieht:

„Ganz gleich was Ronald Reagan und andere westliche Regierungschefs in dieser Hinsicht sagen, sie können der BRD bezüglich der sogenannten 'deutschen Frage' kein realistisches Angebot machen. Was hier historisch geformt wurde, sollte am besten der Geschichte überlassen bleiben. Das gilt auch für die Frage nach der deutschen Nation und nach den Formen deutscher Eigenstaatlichkeit. Was jetzt wichtig ist, ist der politische Aspekt. Es gibt zwei deutsche Staaten mit unterschiedlichen gesellschaftlichen und politischen Systemen. [...] Und was in hundert Jahren [!!!] sein wird, das soll die Geschichte entscheiden."[273]

---

[272] Vgl. Gorbatschow, Michail: Perestroika. Die zweite russische Revolution. Eine neue Politik für Europa und die Welt, München 1987. (aus dem amerikanischen übers. Von G. Burkhardt), S. 259f.

[273] Gorbatschow, a.a.O., S. 260f.

Der Gedanke, dass die Frage nach der Wiedervereinigung in seine eigene Amtszeit fallen würde und er selbst einer der Hauptakteure am Prozess zu ihrer Verwirklichung sein könnte, war Gorbatschow im Jahre 1987 freilich völlig fremd. Seine Äußerungen verdeutlichen, dass er fest auf die Existenz beider deutscher Staaten beharrte. Auch den Darlegungen Altbundespräsident Richard von Weizsäckers nach habe Gorbatschow darauf hingewiesen, dass man sich nicht überschätzen und die Antworten der Geschichte überlassen solle.[274] Unterstützt wird diese Ansicht auch noch einmal durch Schewardnadses Andeutungen, dass Gorbatschow sich bis zuletzt schwer damit getan habe, eine endgültige Zustimmung zur Wiedervereinigung zu geben. Gorbatschow habe demnach sehr lange große Zweifel gehabt und sich nicht entscheiden können.[275]

An einer guten Beziehung zur Bonner Regierung war dem Kreml aber natürlich gelegen. Der Wichtigkeit der Bundesrepublik war man sich schon Jahre vor dem Mauerfall bewusst.[276] Inzwischen habe Deutschland so sehr an Einfluss gewonnen, dass es nach den Vereinigten Staaten die wichtigste Stütze der NATO sei.[277] Die

---

[274] Hierzu von Weizsäcker, Richard. Der Weg zur Einheit, München 2009, S. 11f.

[275] Vgl. Focus-online: Wiedervereinigung.

[276] Dies zeigt z.B. das Gespräch Gorbatschows mit Staatsratsvorsitzenden Honecker vom 28. Mai 1987 in Berlin. Während Honecker hierbei im Bereich der Wirtschaftspolitik etwas realitätsfern argumentiert, spricht Gorbatschow stets die Wichtigkeit der BRD und guter wirtschaftlicher Beziehungen an. Vgl. Galkin: Sowjetische Dokumente, S. 31-36.

[277] Vgl. Gorbatschow: Erinnerungen, S. 701.

Beziehungen zwischen der BRD und der UdSSR bezeichnete Gorbatschow im Jahre 1987 als von „historischer Bedeutung", denn ohne eine gefestigte BRD gebe es keine Hoffnung auf Stabilität in Europa, „und somit für die ganze Welt […]."[278]

3.4.3 Verwirrung und Verärgerung im Kreml

Zu hohes Tempo

Dem hohen Tempo, welches der deutsche Bundeskanzler während des Prozesses der Wiedervereinigung oft an den Tag legte, trat man in der Sowjetunion äußerst kritisch und mit großer Sorge entgegen. Der innenpolitische Druck auf Gorbatschow und Schewardnadse war enorm. Man scheint sich daher von Kohl auch in die Ecke gedrängt gefühlt zu haben. Schewardnadse betont dabei, dass Moskau zwar zu keiner Zeit die Prinzipien des Selbstbestimmungsrechts in Frage gestellt habe, „[d]och in jenen Tagen ließ diese Rhetorik [*Anspielung auf den Zehn-Punkte-Plan – eigene Anmerkung*] unverkennbar das Bestreben durchblicken, die Beteiligung der UdSSR an der Erörterung und der Entscheidung der äußeren Aspekte der deutschen Einheit in Frage zu stellen oder uns zumindest dazu zwingen, uns mit vollendeten Tatsachen abzufinden."[279]

---

[278] Gorbatschow: Perestroika, S. 262.
[279] Schewardnadse: Die Zukunft gehört der Freiheit, S. 240.

Der Fall der Berliner Mauer am 9. November 1989 sei ein Moment der Geschichte gewesen, in dem niemand habe wissen können, was im nächsten Augenblick passieren würde. Unmittelbar nachdem die Mauer passierbar war, habe der sowjetische Botschafter Schewardnadse anvertraut, dass u.U. das Militär eingreifen könne. Es sei in der Tat eine äußerst gefährliche Situation gewesen. Auch wenn Gorbatschow de facto als Oberbefehlshaber die höchste Autorität inne hatte, habe man in Moskau große Sorgen gehabt, dass die Militärführung den Eingreifbefehl geben könne und dies schließlich einen dritten Weltkrieg auslösen würde.[280] Deshalb sei es von so großer Bedeutung gewesen, nicht nur in der Nacht des 9. Novembers, sondern eben auch in den folgenden Monaten stets mit großer Besonnenheit und Verantwortung vorzugehen. Der Zehn-Punkte-Plan aber habe aus sowjetischer Sicht die Gemüter unnötig erhitzt und sogar das Potential gehabt, die Situation in Europa ernsthaft zu destabilisieren. Die Verärgerung Gorbatschows war mitunter deshalb so groß, weil er erst noch am 11. November mit Kohl telefoniert hatte und ihm der Kanzler in diesem Gespräch versicherte, in Bonn sei man sich der Verantwortung bewusst und werde stets umsichtig und wohlüberlegt handeln.[281] Kohl habe in seinem Alleingang „ultimative" Forderungen gestellt.[282] Der Zehn-Punkte-Plan sei de facto einem Ratschlag zur Demontage der DDR gleichgekommen. Für

---

[280] Vgl. Focus-online: Schewardnadse. Und dann rief ich Gorbatschow an

[281] Hierzu das Telefonat Gorbatschows mit Kohl vom 11. November 1989, in: Galkin: Sowjetische Dokumente, S. 229-232.

[282] Hierzu das Gespräch Gorbatschows mit Außenminister Genscher vom 5. Dezember 1989, in: Galking: Sowjetische Dokumente, S. 257.

Gorbatschow war dies zum Teil auch ein Vertrauensbruch. Noch Anfang Dezember ließ Gorbatschow Außenminister Genscher in Moskau den tief sitzenden Ärger deutlich spüren. Ob es denn der Bundeskanzler nicht mehr nötig habe, sich mit den Partnern abzusprechen und sie zu konsultieren. Die Gesprächsaufzeichnungen vom 5. Dezember 1989 zwischen Gorbatschow und Genscher verdeutlichen, dass der deutsche Außenminister in Moskau aufgrund Kohls Alleingang eine regelrechte Standpauke erhielt.[283] Laut Gorbatschow sei der Außenminister der BRD sichtlich nervös gewesen. Dies habe mitunter daran gelegen, dass Genscher den Zehn-Punkte-Plan an und für sich selbst nie vollends akzeptiert hätte.[284] In Kohls Zehn-Punkte-Plan sah man ein Einmischen in die inneren Angelegenheiten der DDR. Auch Schewardnadse wählte deutliche Worte und stellte gegenüber Genscher fest, dass sich nicht einmal Hitler so etwas erlaubt habe.[285] In Puncto verbaler Entgleisungen war nun also wieder Gleichstand erreicht.

---

[283] Hierzu das Gespräch Gorbatschows mit Außenminister Genscher vom 5. Dezember 1989, in: Galking: Sowjetische Dokumente, S. 257f.

[284] Vgl. Gorbatschow: Erinnerungen, S. 712f.

[285] Aus dem Gesprächsprotokoll Gorbatschow-Genscher vom 5. Dezember 1989 in Moskau. Hierzu Galkin: Sowjetische Dokumente, S. 260.

Mangelnde Rücksicht und zu große Euphorie

Bei Kohls Besuch in Moskau am 10.Februar 1990 kam es mit Gorbatschow zu einem intensiven Gespräch. Kohl habe von Anfang an deutlich machen wollen, mit welch rasender Geschwindigkeit die DDR auf den Zusammenbruch zusteuere und eine Wiedervereinigung daher immer mehr zu befürworten sei. Gorbatschow fühlte sich wohl etwas in die Enge getrieben und interpretierte Kohls Tatendrang als überstürzt. Ebenso vermutete Gorbatschow, dass Kohl von den Amerikanern dahingehend nicht nur unterstützt, sondern auch angetrieben worden war.[286] „Es war nur allzu deutlich, da[ss] der Kanzler versuchte, den Wiedervereinigungsprozess zu beschleunigen. Ich hatte Gründe zu der Annahme, da[ss] er sich diesbezüglich den Beistand der Amerikaner gesichert hatte."[287] Auch Schewardnadse betont, dass man sich zwar nicht auf Dauer gegen eine mögliche Wiedervereinigung Deutschlands habe stellen wollen. Jedoch sei aus Bonn der dafür nötige zeitliche Rahmen zu wenig bedacht worden. Dieser sei vor allem nötig gewesen, um in der sowjetischen Öffentlichkeit Verständnis für den Wunsch der Deutschen aufzubauen. Deshalb sei es für Moskau so wichtig gewesen, dass die deutsche Einheit als ein Prozess gestaltet werden sollte, der eine gewisse Zeit dauern würde.[288] Dass Kohls Ausführungen von Gorbatschow als eher

---

[286] Ausführlich hierzu das Vieraugengespräch zwischen Gorbatschow und Kohl vom 10. Februar 1990 in Moskau, in: Galkin: Sowjetische Dokumente, S. 317-333.

[287] Gorbatschow: Erinnerungen, S. 716.

[288] Vgl. Schewardnadse: Die Zukunft gehört der Freiheit, S. 234f.

unangebracht empfunden wurden, wird auch dadurch deutlich, dass der Generalsekretär die Unterredung als einen „Monolog" des Kanzlers bezeichnet.[289]

Zwar habe Gorbatschow ab etwa Februar 1990 die deutsche Einheit nicht mehr kategorisch ausgeschlossen und mit Kohl in dem wichtigsten Punkt übereingestimmt, dass die Deutschen ihre Entscheidung selbst treffen müssten. Dennoch blieb Gorbatschow äußerst skeptisch und weit davon entfernt sich für die deutsche Einheit auszusprechen. Er habe sich des Eindrucks nicht erwehren können, dass Kohls Politik zu sehr von dessen Emotionen gelenkt sei. Die Begeisterung in der deutschen Bevölkerung sei natürlich verständlich. Das Problem sei laut Schewardnadse allerdings gewesen, dass diese Begeisterung auf Kreise der Bonner Regierung überging.

„[Die Euphorie] erfa[ss]te auch einige politische Kreise in der BRD. Ungeachtet der rauhen politischen Realitäten gingen sie von Appellen zum 'Selbstbestimmungsrecht' der DDR recht bald zu Ratschlägen über, wie und zu welchen Terminen man dort die Gesellschaftsordnung zu wandeln habe – Ratschläge, die Vorschriften recht nahekamen."[290]

Der Bundeskanzler habe demnach seine eigenen Interessen zu sehr auf Deutschland selbst fokussiert und dabei nicht ausreichend berücksichtigt, welch enorme Auswirkungen der Prozess auf Europa und die Welt habe. „In der gegebenen Situation war es in meinen Augen entscheidend, zu verhindern, da[ss] Kohl in Euphorie verfiel

---

[289] Gorbatschow: Erinnerungen, S. 717.
[290] Schewardnadse: Die Zukunft gehört der Freiheit, S. 240.

und die 'deutsche Frage' lediglich auf die Vereinigung und die Befriedigung nationaler Sehnsüchte der Deutschen reduzierte."[291]

Kohls Pluspunkte

Rüstungspolitik

Positiv äußert man sich über Kohls Standpunkt in der Rüstungspolitik. Präsident Bush hatte 1989 Vorschläge zur Reduzierung von Waffen und Streitkräften in Europa vorgelegt, die laut Gorbatschow als Antwort auf die großangelegte Initiative der UdSSR in der Warschauer Vertragsorganisation interpretiert werden konnten. Die Warschauer Vertragsorganisation hatte zuvor Pläne zu Truppen- und Waffenreduzierung vorgelegt. Ziel dabei war, Überraschungsangriffe auszuschließen. Im Grundsatz habe Gorbatschow zwar mit den nach Bushs Vorschlägen in Brüssel (Brüsseler Dokumente) angenommenen Beschlüssen übereinstimmen können, dennoch hätten ihn dahingehend noch „gemischte Gefühle"[292] geplagt. In diesem Moment sei die Haltung Kohls und der Bonner Regierung sehr wichtig gewesen. Bonn habe wesentlich zur Annahme der Beschlüsse beigetragen, die der UdSSR entgegenkamen. In vertraulichen Gesprächen habe ihm Kohl versichert, er würde auch künftig persönlich alles tun, um für

---

[291] Gorbatschow: Erinnerungen, S. 717.
[292] Gorbatschow zu Kohl am 15. Juli 1990, in: Küsters: Dokumente, S. 285. Ebenso Gorbatschow: Erinnerungen, S. 710.

jedermann akzeptable Lösungen zu finden.[293] Gorbatschow scheint mit der Argumentation des Kanzlers in Fragen der Rüstungspolitik insgesamt jedenfalls zufrieden gewesen zu sein.

„Kurz und gut, es war höchste Zeit, die kleinliche militärische Buchführung zugunsten umfassender politischer Konzepte hinter uns zu lassen. Kohl und ich stimmten darin im allgemeinen überein.“[294]

In den folgenden Monaten sollte sich verdeutlichen, dass die Frage der Bündniszugehörigkeit eines wiedervereinigten Deutschlands bis zuletzt harte Verhandlungen mit sich bringen würde. Nach Schewardnadse wurde über keinen Punkt derart gestritten, wie über die NATO-Mitgliedschaft Deutschlands. Für die Sowjetunion sei dies der schwierigste Punkt überhaupt gewesen und man sei innenpolitisch sehr großem Druck ausgesetzt gewesen, da das Politbüro kategorisch dagegen gewesen sei. Schewardnadse und Gorbatschow seien sich aber sicher gewesen, dass Deutschland niemals die Sowjetunion angreifen würde. Außerdem hätten Kohl und Genscher ja auch bzgl. der Truppenstärke immer wieder Kompromissbereitschaft gezeigt. In dieser Hinsicht habe man Bonn vertraut. Die Arbeitsbeziehung zu Kohl sei in der Tat gut gewesen.[295] Die Gewissheit Gorbatschows und Schewardnadses, dass Kohl in den wesentlichen Punkten der Abrüstung mit ihnen übereingestimmt habe, ist daher als ein äußerst

---

[293] Hierzu auch Küsters: Dokumente Deutschlandpolitik, S. 285.

[294] Gorbatschow: Erinnerungen, S. 709.

[295] Vgl. Focus-online: Schewardnadse.

wichtiger Faktor für eine langfristig erfolgreiche Zusammenarbeit zwischen Bonn und Moskau zu sehen.

3.4.5 Gespräche im Kaukasus

In der kaukasischen Heimat Gorbatschows habe man schließlich die deutsche Einheit besiegelt. Kohl sei konzentriert und energiegeladen gewesen und die Unterredung „bemerkenswert aufrichtig".[296] Im Wesentlichen war man sich zu einem großen Teil bereits einig, dennoch hätten noch etliche Schwierigkeiten im Raume gestanden. Dabei sei es nach wie vor in erster Linie um die militärischen Strukturen der NATO gegangen. Offene Fragen waren z.B. die Ausdehnung der NATO auf das Gebiet der DDR, die rechtliche und finanzielle Grundlage des Aufenthalts der sowjetischen Truppen auf dem Territorium des vereinten Deutschlands und die Gewissheit, dass für die Sowjetunion nach dem Truppenabzug keinerlei Bedrohung bestehen würde. In allen Punkten, so Gorbatschow, habe man aber recht zügig Übereinkunft erzielt.[297]

Das oft hart erarbeitete gegenseitige Vertrauen zwischen Gorbatschow und Kohl sowie die in der entscheidenden Phase nun oft unkomplizierte politische Übereinstimmung in den wesentlichen Fragen, die trotz der natürlichen Interessensunterschiede stets zu einem

---

[296] Vgl. Gorbatschow: Erinnerungen, S. 724.
[297] Vgl. Gorbatschow: a.a.O., S. 725.

raschen Konsens führten, waren für die Besiegelung der Deutschen Einheit unabdingbar. Dass man mit Kohl und der Bonner Regierung in dieser Phase zu zügigen Entscheidungen kam, sei laut Schewardnadse aufgrund des innenpolitischen Drucks in Moskau von fundamentaler Bedeutung gewesen. Die Frage nach den Ursachen und Hintergründen für die Moskauer Position zur deutschlandpolitischen Frage lässt sich laut Schewardnadse durch den innenpolitischen Druck und die Gemütslage des sowjetischen Volkes erklären. Die Gegner der Perestroika hätten an der „gespannten Saite" stets gezupft. „Diese Saite hätte auch reißen können".[298] Dieser Auszug weist indirekt auch auf die Wichtigkeit der zügigen Verhandlungen hin und unterstreicht ironischerweise die Bedeutung des von seitens der Sowjetunion oft kritisierten Tempos, welches der Kanzler im Prozess der Wiedervereinigung vorgab. Der Besuch im Kaukasus war ein voller Erfolg und die Beziehungen zwischen Moskau und Bonn gefestigter als jemals zuvor. Gorbatschow fasst die Begegnung metaphorisch wie folgt zusammen:

„Dort, im Gebirge des Kaukasus, erklommen wir gleichsam einen 'politischen Gipfel', von dem aus weite Horizonte in den Beziehungen zwischen unseren Völkern sichtbar wurden. "[299]

---

[298] Vgl. Schewardnadse: Die Zukunft gehört der Freiheit, S. 236.
[299] Gorbatschow: Erinnerungen, S. 725.

3.5 Stimmen aus Bonn und Berlin

3.5.1 Persönliches und Menschliches

Laut Hans-Dietrich Genscher ist der menschliche Aspekt in der Politik von großer Bedeutung. Schließlich schaffe dies „Vertrauen, auf dem man aufbauen kann, wenn es darauf ankommt."[300] Helmut Kohl hat auf seinem politischen Weg und während seiner 16jährigen Kanzlerschaft bekanntermaßen nicht nur Freunde gewonnen. Die Stimmen aus Bonn und Berlin sprechen dem Kanzler der Einheit in dem Punkt Menschlichkeit allerdings durchaus Positives zu. Ein erfolgreiches Konzept Kohls, so der damalige Finanzminister Theo Waigel, sei dessen feines Gespür für die Wichtigkeit der Atmosphäre und Umgebung bei politischen Gesprächen gewesen. Kohl habe demnach großen Wert darauf gelegt, wichtige Gespräche nach Möglichkeit in einer Umgebung zu führen, die auch für den Gesprächspartner heimatliche und familiäre Gefühle erzeugen würden.[301] Norbert Blüm pflichtet bei, dass der aus der Provinz stammende Kohl auf der politischen Weltbühne viele Freunde gefunden habe.[302] Ein großer Vorteil Kohls sei laut dem damaligen Innenminister Wolfgang

---

[300] Genscher: a.a.O., S. 632.

[301] Vgl. Waigel, Theo: Tage, die Deutschland und die Welt veränderten, in Theo Waigel und Manfred Schell: Tage, die Deutschland und die Welt veränderten. Vom Mauerfall zum Kaukasus. Die deutsche Währungsunion, München 1994, S. 26-56, hier S. 27.

[302] Aus der Filmreihe *Deutsche Bundeskanzler*, „Helmut Kohl: Der Patriot".

Schäuble[303] auch seine überaus scharfe Menschenkenntnis gewesen.[304] Und auch Hans Modrow spricht Kohl in dieser Sache großes Talent zu. Kohl finde über persönlichen Zugang Vertrauen zu den Menschen. Bei den ersten Gesprächen zwischen Kohl und Modrow im Dezember 1989 sei Letzterer völlig überrascht gewesen, wie präzise sich Kohl vorab über Details aus Modrows Werdegang und dessen familiäre Hintergründe informiert habe. Kohl habe alles über ihn gewusst, selbst über das kleine Dorf, in dem Modrow geboren wurde.[305] Ebenso positiv äußert sich Modrow über die Begegnung mit Kohl am 3. Februar 1990 anlässlich des Weltwirtschaftsforums in Davos. Zwar

---

[303] Das heutige Verhältnis zwischen Schäuble und Kohl ist mit dem Terminus „angespannt" wohl zu positiv formuliert. Spätestens seit dem CDU-Spendenaffäre 1999/2000 sind die einstigen Weggefährten aufgrund gegenseitiger menschlicher und persönlicher Verletzungen tief zerstritten. Schäubles Kommentare zu Kohls Verdienst im Rahmen dieser Arbeit stammen sowohl aus den frühen 1990er Jahren sowie aus der Zeit nach der Jahrtausendwende. Generell stellt Schäuble auch heute die politischen Verdienste Kohls nicht in Frage, erklärt aber für den persönlichen und privaten Bereich ebenso deutlich: „Ich will nichts mehr mit ihm zu tun haben!" Hierzu z.B. Der Tagesspiegel vom 23.01.2011, Huber, Joachim: *CDU-Königsdrama. Kohl vs. Schäuble, frei nach Shakespeare*, Quelle: http://www.tagesspiegel.de/medien/cdu-koenigsdrama-kohl-vs-schaeuble-frei-nach-shakespeare/3726750.html (Stand: 15.02.2012). Schäuble äußerte diesen Kommentar in der Filmreihe „Duelle: Helmut Kohl gegen Wolfgang Schäuble" von Stephan Lamby. Der Film stellt freilich keinen allgemeinwissenschaftlichen Anspruch und ist zum Teil zu sehr von Dramatik und „Histotainment" geprägt. Schäubles Aussage ist aber eindeutig und unmissverständlich formuliert.

[304] Vgl. Schäuble: Der Vertrag. Wie ich über die deutsche Einheit verhandelte (hrsg. von Dirk Koch und Klaus Wirtgen), Stuttgart 1991, S. 43.

[305] Aus „Helmut Kohl: Der Patriot"

habe es zu diesem Zeitpunkt zwischen ihm und Kohl „nicht mehr die Seite des politischen Miteinanders, des friedlichen Zusammengehens [gegeben]." Jedoch habe der Begegnung „ein recht persönlicher Charakter [inne gewohnt], Frau Kohl versorgte uns mit einem kleinen Büfett. Die Kohls behandelten mich so nett und aufmerksam, als wenn ich schon zehnmal in dieser Familie zu Hause gewesen wäre."[306]

Für Roman Herzog, damaliger Präsident des Bundesverfassungsgerichts und Bundespräsident a.D., steht Helmut Kohl für große Verlässlichkeit und Vertrauen. Auf dieser Basis „konnte man etwas tun, was ganz selten ist – und ich habe ganz wenige Menschen getroffen, mit denen ich das machen konnte. Man konnte sich telefonisch im Grunde innerhalb von zwei, drei Minuten einigen."[307]

Horst Köhler betont die einzigartige Weise, mit der Kohl persönliches Vertrauen in Ost und West sowie unter den Verbündeten aufgebaut habe. Dieses Vertrauen sei ihm in der Stunde der historischen Umwälzungen von 1989 und 1990 entsprechend zugute gekommen. Kohl sei das beste Beispiel dafür, dass ein selbstverständlicher Patriotismus und die europäische Perspektive keine Gegensätze seien, sondern einander bedingten. So sei es Kohl gelungen, im

---

[306] Modrow, Hans: Aufbruch und Ende, Hamburg ²1991, S. 128.
[307] Roman Herzog anlässlich Kohls 75. Geburtstag, in: Vogel, Bernhard (Hrsg.): Helmut Kohl – ein Leben für Deutschland und Europa, S. 18.

Einvernehmen mit den Alliierten und Deutschlands Nachbarn die Wiedervereinigung in Frieden und Freiheit zu vollenden.[308]

Die menschliche und emotionale Seite sei auch bei der Rede vor der Ruine der Dresdner Frauenkirche sehr bedeutsam gewesen. Kohl habe genau die richtigen Worte und den richtigen Ton getroffen. Vor allem aber, so Genscher, sei die Rede für die Menschen im Osten von großer Bedeutung gewesen. Dieser Tag in Dresden, am 19. Dezember 1989, sei eine Demonstration für die Einheit der Nation gewesen. Kohls Rede, so Genscher, „ließ seine tiefe Bewegung erkennen; sie erreichte die Menschen und sie trug in eindrucksvoller Weise der Verantwortung Rechnung, die die Bundesregierung in dieser ebenso schwierigen wie hoffnungsvollen Zeit im Interesse einer stabilen Entwicklung zu erfüllen hatte."[309] In diesem Punkt stimmt Horst Teltschik mit Genscher auf ganzer Linie überein. Die Bedeutung könne man auch an dem einstimmig positiven Medienecho sehen, demnach der Kanzler den Grundstein für die deutsche Einheit gelegt habe.[310]

---

[308] Horst Köhler anlässlich Kohls 75. Geburtstag, in: Vogel, Bernhard (Hrsg.): Ein Leben für Deutschland und Europa, S. 99.
[309] Genscher: Erinnerungen, S. 697.
[310] Vgl. Teltschik: 329 Tage, S. 92.

3.5.2 Politische Beurteilung

3.5.2.1 Der Zehn-Punkte-Plan

Der Zehn-Punkte-Plan wird aus Bonner Kreisen überwiegend positiv beurteilt. Schäuble meint, der Plan habe dem Ziel gedient, die Entwicklung zu stabilisieren. Kritik aus Moskau, Kohl habe die Verbündeten vor vollendete Tatsachen gestellt, weist Schäuble zurück. Außerdem habe Kohl mit dem Plan signalisiert, dass er den Prozess in geordnete Bahnen lenken und einen Fahrplan zur Einheit aufzeigen wolle. Durch Kohls Zehn-Punkte-Plan habe der Gedanke der Einheit für viele Menschen in Ost und West erstmals eine realistische Perspektive gewonnen. Zum damaligen Zeitpunkt sei der Zehn-Punkte-Plan absolut richtig gewesen.[311] Dem schließt sich Waigel an und fügt hinzu, dass jeder im Bundestag habe spüren können, welch große und bedeutende Rede dies gewesen sei.[312]

Auch Genscher pflichtet dem Plan grundsätzlich bei. Verständlicherweise äußert er aber auch vereinzelt Kritik am Vorgehen des Kanzlers. Inhaltlich seien die wesentlichen Punkte richtig gewesen. Insgesamt sei die Erklärung des Kanzlers in der Sache sogar noch weit hinter den tatsächlichen Gegebenheiten des Vereinigungsprozesses zurückgeblieben.[313] Damit meint Genscher, dass aus seiner Sicht die Einheit zu diesem Zeitpunkt bereits sehr viel weiter fortgeschritten

---

[311] Vgl. Schäuble: Der Vertrag, S. 18.
[312] Aus „Helmut Kohl: Der Patriot"
[313] Vgl. Genscher: Erinnerungen, S. 671-673.

gewesen sei, als das im Zehn-Punkte-Plan zum Ausdruck kam. Bei der grundlegenden Kritik bzgl. der Konföderation und konföderalen Strukturen spricht Genscher den Punkt an, dass dies ein langjähriges Nebeneinander der beiden deutschen Staaten bedeutet hätte[314] (*was der tatsächlichen Absicht Kohls hier nicht ganz gerecht wird, der ja selbst Modrows Initiative einer reinen Konföderation kategorisch abgelehnt hatte – eigene Anmerkung*). Freilich aber bemängelt Genscher vor allem den diplomatischen Schaden, den Kohl durch sein Vorgehen verursacht habe. Der Außenminister bekam dies ja unmittelbar aus nächster Nähe zu spüren. Im Gespräch mit Schewardnadse sei dessen Ärger über den Zehn-Punkte-Plan nicht zu übersehen gewesen. Mit Gorbatschow habe er damals die „unerfreulichste" Begegnung überhaupt gehabt.[315] Genscher vergleicht die Situation sogar mit dem Zeitpunkt direkt nach Kohls Newsweek-Interview und Goebbels-Vergleich. Niemals zuvor und danach sei Gorbatschow derart verbittert gewesen. Dennoch, Genscher habe auch in Moskau die inhaltlichen Punkte Kohls verteidigt. Zwischen dem deutschen Außenminister und dem sowjetischen Generalsekretär sei es deshalb zu einem heftigen Wortwechsel gekommen.[316]

---

[314] Vgl. Genscher, Hans-Dietrich (im Gespräch mit Ulrich Wickert): Sternstunden der Deutschen. Mit sechs Beiträgen von Hans-Dietrich Genscher und einem Vorwort von Erich Loest, Stuttgart/Leipzig 2000, S. 92.

[315] Vgl. Genscher: Erinnerungen, S. 683.

[316] Vgl. Genscher: a.a.O., S. 683-685. Das Wortgefecht ist in den Gesprächsprotokollen detailliert nachzulesen. Vgl. hierzu Galkin: Sowjetische Dokumente, S. 254-265.

Nach Teltschiks Auffassung habe es keine Alternative gegeben, den Zehn-Punkte-Plan im engsten Kreis zu erarbeiten. Über die mangelnde und dilettantische Öffentlichkeitsarbeit in der Bundesregierung habe sich Kohl schon längere Zeit immer wieder lautstark beschwert. Demnach hätte die schlechte Öffentlichkeitsarbeit in Bonn den Überraschungseffekt des Zehn-Punkte-Plans sicher zerstört. Am 23. November 1989 vermerkt Teltschik:

„Über die leidige Öffentlichkeitsarbeit in der Bundesregierung, die unbefriedigend ist wie eh und je, wird nur noch kurz gesprochen. Helmut Kohl vergleicht deren Niveau mit dem einer Fußballmannschaft der Kreisklasse im Spiel gegen eine Bundesligamannschaft. Dem ist nichts hinzuzufügen. "[317]

3.5.2.2 Wahlbündnis im Osten

Schäuble macht keinen Hehl daraus, dass er anfangs Kohls sichtliche Distanz gegenüber der Ost-CDU für falsch gehalten habe. Im nachhinein müsse er dem Kanzler jedoch vollends recht geben. Kohl sei von Anfang an davon überzeugt gewesen, dass ohne deutliche Veränderungen bei Personen und Programm für die Wahlen keine Aussicht auf Erfolg bestanden hätte. Trotz des hohen Drucks habe Kohl stets Kurs gehalten und in der Frage, welchen Gruppen in der DDR die CDU im Wahlkampf für den 18.März ihre Unterstützung geben sollte, richtig entschieden. Kohl habe frühzeitig erkannt, dass

---

[317] Teltschik: 329 Tage, S. 49.

man die Ost-CDU mit den neuen oppositionellen Gruppen in der DDR zusammenbringen müsse. Nur durch die Konzentration der Potentiale aus der Ost-CDU und neuer revolutionärer Gruppen habe Kohl eine hinreichende Wahlchance gesehen. Die Beteiligten in der DDR hätten – wie es auch Kohl schildert – nicht die geringste Neigung verspürt, miteinander zu reden. Nun habe wieder einmal Kohls Menschenkenntnis und persönliche Überzeugungskraft eine entscheidende Rolle gespielt. Aufgrund der kurzen Zeitspanne bis zum 18. März habe man Kohls Vorhaben, die unterschiedlichen oppositionellen Gruppen zusammenzubringen, für aussichtlos angesehen. Kohl habe dennoch an seinem Ziel festgehalten und letzten Endes bewirkt, dass sich die Beteiligten auf ein Wahlbündnis einigten. Schließlich sei es Kohl am 5. Februar bei einer Besprechung in Berlin gelungen, die Vorsitzenden Maizière, Ebeling (DSU) und Schnur (DA) zur Gründung des Wahlbündnisses „Allianz für Deutschland" zu veranlassen. Die persönliche Leistung Kohls werde umso deutlicher, wenn man bedenke, dass sich die Beteiligten aus der DDR bei diesem Treffen in Berlin zum ersten Mal persönlich kennengelernt hatten.[318]

Großen Respekt zeigt Teltschik für das Durchhaltevermögen Kohls in Zeiten des Wahlkampfes. Während andere aufgrund der düsteren Prognosen schon längst aufgegeben hätten, habe Kohl zur Geschlossenheit aufgerufen, die Flinte nicht ins Korn zu werfen. Der Kanzler habe übermenschlichen Einsatz gezeigt. Die Strapazen der letzten Monate seien Kohl zeitweise anzusehen gewesen, was ihn aber

---

[318] Vgl. Schäuble: Der Vertrag, S. 23 u. S. 41-45.

nicht daran gehindert habe, im Wahlkampf noch einmal zur Höchstform aufzulaufen. Außerdem habe ihm der sichtbar steigende Zuspruch, vor allem auch der jungen Leute im Osten, Kraft gegeben. So habe der Kanzler mit seinen Wahlkampfauftritten im Osten bis Anfang März 1990 fast eine halbe Million Bürger erreicht. Zur letzten Wahlkampfveranstaltung in Leipzig kamen etwa 320000 Menschen. Das, so Teltschik, sei nicht mehr und nicht weniger als eine Sensation.[319]

3.5.2.3 Wirtschaft und Finanzen

Etwas differenzierter wird Kohls Rolle bei den wirtschaftlichen und finanzpolitischen Aspekten der deutschen Wiedervereinigung gesehen. Der damalige Staatssekretär und spätere Bundespräsident Horst Köhler betont die Wichtigkeit der Währungsunion. Dabei merkt er an, dass damals alle an einem Strang gezogen hätten. Bei der Umsetzung der Währungsunion habe vor allem das Bundesfinanzministerium die mit Abstand größte Hauptlast zu tragen gehabt.[320] Zum Konzept und der Umsetzung der Währungsunion wird der anfangs selbst noch etwas skeptische Finanzminister Waigel besonders deutlich. Jegliche Kritik, derer sich Kohl deswegen noch heute oft aussetzen müsse, sei Makulatur. Damals habe die Bonner Regierung schnell handeln

---

[319] Vgl. Teltschik: 329 Tage, S. 154, 168 u. 175f.

[320] Köhler, Horst: Alle zogen mit, in: Waigel, Schell: Tage, die Deutschland und die Welt veränderten, S. 126.

müssen. Anders wäre z.B. der Zwei-plus-Vier-Vertrag wenige Monate später nicht mehr zu realisieren gewesen. Zu der schnellen Währungsunion habe es damals keine Alternative gegeben. Ein mehrjähriger Anpassungsprozess sei den Menschen nicht zumutbar gewesen. Man müsse bedenken, dass „am Ende eines Umstellungsprozesses und der vollen Konvertibilität der Ost-Mark zur D-Mark bei einem Durchschittseinkommen von etwa 600 D-Mark ein Umstellungskurs von 1:4 oder 1:5 gestanden hätte. […] Das heißt, es hätte ein unendlicher Strom von Frankfurt an der Oder nach Frankfurt am Main eingesetzt."[321]

Die Kritik an finanzpolitischen Versäumnissen kann Waigel nicht nachvollziehen. Zum einen, so der damalige Finanzminister bei der Vorstellung des Bundeshaushaltes 1991, habe Kohl zu keinem Zeitpunkt behauptet, die Einheit sei zum Nulltarif zu bekommen.[322] Im Sommer 1990 habe Kohl aus guten Gründen deutlich das Tempo erhöht und wissen lassen, dass die Einheit noch im selben Jahr kommen würde. Dass Kohl in der entscheidenden Phase mit Gorbatschow direkt über Kredithilfen verhandelte, sei für die deutsche Einheit unabdingbar gewesen. Der Fünf-Milliardenkredit an die Sowjetunion sei die entscheidende Voraussetzung für eine konstruktive

---

[321] Waigel: „War der Weg richtig? Ein Rückblick nach vier Jahren", in: Waigel, Schell: Tage, die Deutschland und die Welt veränderten, S. 243f.

[322] Vgl. Bundesministerium der Finanzen (Hrsg.): Bundeshaushalt 1991. Rede des Bundesministers der Finanzen Dr. Theo Waigel am 12. März 1991 im Deutschen Bundestag (Berichte und Dokumentationen). Bonn 1991, S. 5f.

Fortsetzung und starke Position für die Gespräche im Kaukasus gewesen. Auch die weiteren Kredite an Moskau seien eine wichtige Investition für Frieden und Freiheit in Europa gewesen.[323]

Dies sieht auch Teltschik so, der bereits das Gespräch zwischen Kohl und Schewardnadse im Kanzleramt am 4.Mai 1990 als Schlüsselgespräch bezeichnet. Kohls Vorschlag für einen bilateralen Vertrag sowie die signalisierte Bereitschaft auf Schewardnadses Bitte um eine Kreditbürgschaft einzugehen, sei genau zum richtigen Zeitpunkt gekommen. Die Initiativen des Kanzlers, so notierte Teltschik für den 14. Mai, hätten sowohl in politischer als auch ökonomischer Sicht zum richtigen Augenblick die zentralen Interessen der sowjetischen Führung angesprochen.[324]

Jederzeit, so Waigel, würde die Union in finanzpolitischen Fragen wieder so handeln. Letzten Endes seien ohnehin nicht Zahlen und Kalkulationen entscheidend, sondern die historische Dimension der deutschen Einheit, auf die Kanzler Kohl stets hingewiesen habe. So führte Waigel zum Bundeshaushalt 1991 abschließend fest:

„Aber unsere Entscheidung in der historischen Sekunde, in der die Deutsche Einheit möglich war, zu handeln und zuzugreifen, wird Bestand haben. Der politische Wille, erkennbare Hauslhaltsrisiken und Belastungen in Kauf zu

---

[323] Vgl. Waigel: Tage, die Deutschland und die Welt veränderten, S. 33f, S. 35f u. S. 56.
[324] Vgl. Teltschik: 329 Tage, S. 221 u. S. 235.

nehmen und für die Menschen das Beste zu erreichen, war und bleibt richtig und wird am Ende überzeugen. "[325]

Eigenen Aussagen nach habe Schäuble eine Wirtschafts- und Währungsunion bereits am 19. Dezember 1989 im Kanzleramt vorgeschlagen. Damals habe man ihm zwar in der Sache zugestimmt, gleichzeitig aber zu Verstehen gegeben, dass der richtige Zeitpunkt dafür noch nicht gekommen sei. Auch kurz vor Einführung der Währungsunion habe es innerhalb der Regierung nach wie vor einige Zweifler gegeben. Niemand habe es für möglich gehalten, bereits zwei Tage nach der Volkskammerwahl in der DDR ein konkretes Datum für den Vollzug der Wirtschafts- und Währungsunion zu nennen. Helmut Kohl habe sich trotz der internen Widerstände diesbezüglich aber durchgesetzt, um die innere Geschlossenheit wieder herzustellen und den Menschen im Osten ein deutliches Signal der Solidarität zu senden. Im Nachhinein habe sich Kohls Entscheidung als richtig erwiesen. Selten sei eine so umstrittene Entscheidung derart eindrucksvoll in ihrer Richtigkeit bestätigt worden.[326] Ausschlaggebend sei auch der zeitliche Faktor gewesen. Auch deshalb sei es so wichtig gewesen, schnell zu handeln. Gegen vermeintliche Kritik aus heutiger Sicht, insbesondere den wirtschaftlichen Folgen, gibt Schäuble zur Antwort, dass man „die Entscheidungen des Jahres 1990 [...] nur aus der Lage von damals, aus den damaligen Notwendigkeiten und Problemen bewerten" könne. Es „ging nur

---

[325] Waigel: Bundeshaushalt 1991, S. 21.
[326] Vgl. Schäuble: Der Vertrag, S. 21 u. S. 77.

schnell oder ging gar nicht, und deshalb mussten die Bedenkenträger ausnahmsweise einmal beiseite stehen."[327] Und nicht zuletzt dürfe man bei der Währungsunion nicht nur volkswirtschaftliche und finanzpolitische Argumente aufführen, sondern müsse stets auch die psychologische Wirkung dieser Wirtschafts- und Währungsunion bedenken.[328]

Andererseits wird aber beispielsweise von Genscher insofern Kritik an Kohls Management der Währungsunion laut, indem er anmerkt, dass man die Bedenken aus dem Ausland gegenüber der hastig wirkenden Einführung der Währungsunion besser hätte berücksichtigen müssen. Oft habe man sich kaum Gedanken über die prinzipiellen Bedenken aus Großbritannien oder Frankreich gemacht. Dadurch hätte man eine historische Chance auch verspielen können. An dieser Stelle sollte noch kurz darauf hingewiesen werden, dass Genscher sich insofern widerspricht, wenn er zusammenfassend im Rückblick zu dem Schluss kommt, ihm und Kohl komme insofern ein großes Verdienst an der deutschen Einheit zugute, dass sie im Prozess der Wiedervereinigung ein solch hohes Tempo an den Tag gelegt hätten, da durch die weltpolitische Lage das Tor zur Einheit nur kurz offen gestanden habe.[329]

---

[327] Schäuble, Wolfgang: Die Einheit Europas ist unser Auftrag, in: Eberhard Diepgen (Hrsg.): Deutsche Einheit. Berlin 2000, S. 205f.
[328] Vgl. Schäuble: Der Vertrag, S. 98.
[329] Vgl. Genscher: Erinnerungen, S. 692 u. 881f.

Nach Teltschiks Aufzeichnungen vom 18.Mai 1990 sei die Stimmung in Bonn nach der Verabschiedung des Gesetzesentwurfs zum Vertrag über die Währungs-, Wirtschafts- und Sozialunion höchst emotional gewesen. Kohl und Waigel beispielsweise seien sichtlich ergriffen gewesen und es habe Einigkeit bestanden, dass dieser Augenblick eine historische Stunde bedeute. Auch Lothar de Maizière habe sich äußerst positiv über die Einführung der Währungsunion geäußert. Dies sei nun die tatsächliche Verwirklichung der Einhheit Deutschlands und die Einführung der D-Mark, so Maizière, sei als eine großzügige politische Geste der BRD zu sehen.[330]

3.5.2.4 Außenpolitik

Die Beurteilungen über Kohls außenpolitische Errungenschaften fallen sehr positiv aus. Vor allem gilt dies für den Bereich der NATO und dem Einsatz für ein vereintes Europa. Zwei Aspekte, welche die deutsche Einheit erst ermöglichten. Außenminister Genscher nennt – ähnlich wie Kohl selbst – den NATO-Doppelbeschluss als eine grundsätzliche Voraussetzung für den erfolgreichen deutschlandpolitischen Kurs und als ein wichtiges Signal an die Verbündeten. Der entscheidende Impuls hierfür sei bereits von der Regierung Schmidt/Genscher (1974-1982) ausgegangen. Die Regierung Kohl/Genscher habe diesen Kurs beibehalten und

---

[330] Vgl. Teltschik: 329 Tage, S. 239-241.

vollendet.[331] An dieser Stelle sei noch erwähnt, dass das Ringen um den NATO-Doppelbeschluss ein Grund für den Koaltionswechsel 1982 war. Die Entscheidung, die Koalition mit der SPD zu beenden sei laut Genscher sicher nicht einfach gewesen, aber ohne Alternative. Zwar hätte man mit Schmidt als Kanzler durchaus weiterarbeiten können, jedoch nicht mit dem Kurs der SPD insgesamt. Ein Einlenken aufgrund der heftigen Debatten und Demonstrationen in Deutschland sei nicht in Frage gekommen. Andernfalls wäre nach Moskau das Signal gesendet worden, dass der Westen erpressbar sei.[332]

Horst Teltschik weist darauf hin, dass das Ergebnis der NATO-Gipfelkonferenz vom 6. Juli 1990 (= Londoner Erklärung) nicht hoch genug eingeschätzt werden könne. Der amerikanische Präsident habe auf dieser Konferenz die Führungsrolle inne gehabt. Durch das enge und vertrauliche Verhältnis zu Bush sei es möglich gewesen, dass viele Anregungen des Kanzlers in die Erklärung miteingeflossen seien. [333]

Ebenso wichtig sei gewesen, dass die Bonner Regierung für ein geeintes Europa gestanden habe. Mit den Nachbarn, allen voran Frankreich, sei man sich in Fragen des europäischen Engagements einig gewesen. Niemand anderes als Helmut Kohl habe die Idee eines geeinten Europas besser verkörpert. Die Beziehung zu Frankreich sei von entscheidender Bedeutung gewesen, was Genscher mit der Formel

---

[331] Vgl. Genscher: Erinnerungen, S. 675.
[332] Vgl. Genscher: Sternstunden der Deutschen, S. 64f.
[333] Vgl. Teltschik: 329 Tage, S. 303.

„Ohne Frankreich geht nichts, mit Frankreich fast alles", sehr treffend zum Ausdruck bringt.[334]

Europa sei für Kohl, so Teltschik, ohnehin von jeher ein Herzensanliegen gewesen. Eines seiner größten Verdienste sei ohne Zweifel mit der deutschen Einheit gleichzeitig die europäische Integration vorangetrieben zu haben. So habe der Kanzler wesentlich dazu beigetragen, dass die Rechte des Europäischen Rates gestärkt wurden. Ein weiterer Meilenstein auf dem Weg zur deutschen Einheit sei gewesen, dass es Kohl gelungen sei, auf dem EG-Gipfel in Straßburg im Dezember 1989 durchzusetzen, in eine gemeinsame Erklärung der EG den Wortlaut des Briefes zur deutschen Einheit von 1970 zum Moskauer Vertrag aufzunehmen, in dem die Bedeutung der Selbstbestimmung auf dem Weg zur Einheit ausdrücklich erwähnt wird.[335] Die gemeinsame Initiative von Mitterand und Kohl am 19. April 1990 vor dem Europäischen Rat betont Genscher besonders. Kohls Aussage, Deutschland stelle keine territorialen Ansprüche und mit Deutschlands Einheit würde ein Unruheherd in Europa beseitigt, sei psychologisch gesehen zum genau richtigen Zeitpunkt und am genau richtigen Ort geschehen. Für die außenpolitische Atmosphäre habe der Kanzler damit entscheidende Weichen gestellt.[336]

---

[334] Genscher: Erinnerungen, S. 680.
[335] Vgl. Teltschik: 329 Tage, S. 72f.
[336] Vgl. Genscher: Erinnerungen, S. 762f.

3.5.2.5 Versäumnisse

Kritisch äußert sich Maizière über die von Kohl angetriebene Euphorie während des Prozesses der deutschen Einheit. Sicher sei die Einheit ein „historischer Quantensprung" gewesen. Gleichzeitig habe man die Menschen aber zu sehr belastet. Der Westen sei entgegen aller Beteuerungen letzten Endes nicht ausreichend vorbereitet gewesen.[337] Die Haltung Maizières kommt bereits in Teltschiks Bericht von der Nacht des 2. auf den 3. Oktober 1990 bildhaft zum Ausdruck:

„Es ist halb zwei Uhr morgens. Helmut Kohl und Lothar de Maizière sitzen noch im Reichstag zusammen. [...] Draußen stehen noch immer Zehntausende von Menschen. Ihre Helmut-Helmut-Rufe ebben nicht ab. Immer wieder tritt der Kanzler ans Fenster und winkt den Menschen zu, und jedesmal fordert er de Maizière auf, mitzukommen. Doch dieser zögert: Er wirkt müde, fast apathisch."[338]

Markus Meckel (Ost-SPD, von April bis August 1990 Außenminister der DDR) schließt sich der Kritik Maizières an. Man habe den Leuten schlicht nicht reinen Wein eingeschenkt. Oft habe Kohl den Eindruck vermittelt, die Einheit würde sofortigen Wohlstand bedeuten.[339] Solchen kritischen Äußerungen tritt Teltschik freilich entgegen. Kohl habe von Anfang an deutlich zum Ausdruck gebracht, dass es kein leichter Weg werden würde. Als am 1. Juli der Vertrag zur Währungs-,

---

[337] Vgl. de Maizière: Die deutsche Einheit. Eine kritische Betrachtung. Fürstenfeldbruck 1994, S. 6-8.
[338] Teltschik: 329 Tage, S. 375.
[339] Aus „Helmut Kohl: Der Patriot"

Wirtschafts- und Sozialunion unterzeichnet wurde, habe der Kanzler ausdrücklich darauf hingewiesen, dass vor Deutschland noch ein hartes Stück Arbeit liege und für eine bessere Zukunft auch Opfer notwendig seien.[340]

Maizière kritisiert weiter, es sei alles zu schnell gegangen und dies habe dazu geführt, dass auch Jahre nach der Vereinigung zwischen den Menschen in Ost und West Misstrauen herrsche, so dass die Bürger nicht erkennen würden, wie nahe man sich doch eigentlich sei. Die Einheit, so Maizière, habe keinen Identitätszuwachs, sondern eine Identitätskrise hervorgerufen.[341]

Dem stimmt auch Waigel teilweise zu und bekennt, dass man in Bonn die Mentalitätsunterschiede unterschätzt habe. Diese seien doch viel größer, als man erwartet habe. Den Menschen sei zu wenig neue Identität geboten worden.[342]

Außerdem, so Maizière, solle man Kohls persönliches Verdienst nicht überbewerten und immer vor dem Hintergrund der tatsächlichen Ursachen sehen. Metaphorisch gesprochen habe Kohl zwar „die deutsche Einheit ins Tor geschossen, aber die Vorlage haben wir Ostdeutsche ihm gegeben."[343] Auch Roman Herzog bedient sich der Fußballersprache, wobei er dabei den Akzent aber mehr auf Kohls Verdienst setzt:

---

[340] Vgl. Teltschik: 329 Tage, S. 292.
[341] Vgl. de Maizière: Die deutsche Einheit, S. 16-24.
[342] Vgl. Waigel: Tage, die D und die Welt veränderten, S. 246f.
[343] Aus „Helmut Kohl: Der Patriot".

Aus Bonner Kreisen wird Kritik an der Öffentlichkeitsarbeit bzgl. der zögerlichen Haltung gegenüber der Anerkennung der Oder-Neiße-Grenze deutlich. Schäuble äußert einerseits Verständnis, dass sich der Kanzler nicht unmittelbar für die bestehenden Grenzen aussprach, obwohl völlig klar gewesen sei, dass Kohl diese niemals in Frage stellen würde. Aus innenpolitischen Gründen und Rücksicht vor den Gefühlen der Vertriebenen habe der Kanzler dem massiven Druck aus dem Ausland und von Seiten der Opposition aber nicht nachgegeben. Andererseits habe dies zu unnötigen sowie ernsthaften Schwierigkeiten geführt. Vor dem Hintergrund, dass es in Bonn ohnehin keine Illusionen gegeben habe, dass bei der Vollendung der deutschen Einheit die Oder-Neiße-Grenze endgültig sein würde, müsse man rückblickend feststellen, dass zwischen der Einsicht und der Bereitschaft, das Notwendige auch zu vertreten, in der Politik nicht selten ein Unterschied bestünde.[344] Ähnlich lässt auch Horst Teltschik in dieser Frage Kritik aufkommen. Bereits Mitte Dezember sei in der Fraktion der Wunsch deutlich zum Ausdruck gebracht worden, man möge doch bitte eine eindeutige Erklärung zu den bestehenden Grenzen verlautbaren lassen. Dies hätte die deutsche und internationale Öffentlichkeit entlastet und weitere Verhandlungen einfacher gestaltet.[345]

Hans-Dietrich Genscher wird diesbezüglich etwas deutlicher. In der Frage der künftigen Grenze eines vereinten Deutschlands habe man

---

[344] Vgl. Schäuble: Der Vertrag, S. 58f.
[345] Vgl. Teltschik: 329 Tage, S. 79.

unnötigerweise für Verwirrung im Ausland gesorgt und somit mitunter eine große historische Chance teilweise aufs Spiel gesetzt. Viel zu lange habe man (hier ist eindeutig der Kanzler persönlich gemeint) mit einer offiziellen Anerkennung der Grenze gezögert. Unverständlich und bedauerlich sei dies vor allem vor dem Hintergrund gewesen, da von Anfang an ohnehin kein Zweifel bestanden habe, dass es ohne Zustimmung zur bestehenden Grenze keine deutsche Wiedervereinigung geben würde.[346]

Rückblick

Teltschik blickt noch einmal auf die vergangenen 329 Tage zurück und kommt zu dem Schluss, dass Helmut Kohl die historische Chance rechtzeitig erkannt, sie entschlossen genutzt und im richtigen Moment die richtigen Entscheidungen getroffen habe.[347] Und Hans-Dietrich-Genscher, der mit Kohl sicher den ein oder anderen Kampf zu bestreiten hatte, bekräftigt letzten Endes, dass er mit dem deutschen Bundeskanzler in den grundlegenden Fragen insgesamt übereingestimmt habe.[348] Vor allem aber, so Genscher, wird er nie vergessen, welch große menschliche Verbundenheit – trotz manchem Streits – ihn mit Helmut Kohl stets verbinden werde und welch große Genugtuung es doch gewesen sei, diesen historisch einmaligen Weg gemeinsam Seite an Seite bestritten zu haben.

---

[346] Vgl. Genscher: Erinnerungen, S. 692 u. 846.
[347] Vgl. Teltschik: 329 Tage, S. 374.
[348] Vgl. Genscher: Erinnerungen, S. 392.

Und so lässt sich dieses Kapitel zusammenfassend wohl am besten mit Genschers vielsagenden Worten abschließen, worin er seine Empfindungen in der Nacht vom 2. auf den 3. Oktober 1990 zum Ausdruck bringt:

„Die Einheit war nicht von selbst gekommen. War sie ein Geschenk, wie so oft gesagt wird? Ja, wenn damit gesagt werden soll: ein Geschenk nach allem, was von 1933 bis 1945 in Deutschland geschehen und von Deutschen anderen Völkern angetan worden war. Aber die Einheit hatten sich die Deutschen in West und Ost auch verdient [...]. Es ist wichtig, da[ss] wir nie vergessen, da[ss] die Wiedererlangung der Einheit nicht selbstverständlich und nicht zwangsläufig war. [...] Helmut Kohl und ich hatten schwere Stunden erlebt, darunter enttäuschende, auch in unserem persönlichen Verhältnis. In den letzten Monaten hatte es große Momente gegeben; diese Stunde aber krönte unsere Zusammenarbeit, und das verbindet menschlich mehr, als das manche in dem harten politischen Geschäft für möglich halten.“[349]

Seine Worte hierzu hat Genscher im März 2010 anlässlich Kohls bevorstehendem 80. Geburtstages am 3. April 2010 noch einmal bekräftigt. Außerdem, so Genscher abschließend, werden selbst Kohls Kritiker und Gegner letzten Endes anerkennen müssen, dass es eine „außergewöhnliche Lebensleistung zu würdigen gilt.“[350]

---

[349] Genscher: a.a.O., S. 886.

[350] Genschers Äußerungen hierzu sind z.B. nachzulesen bei: Focus-online: Genscher gratuliert Kohl. Geschenkt wurde ihm nichts, 27.03.2010, Quelle: http://www.focus.de/politik/deutschland/genscher-gratuliert-kohl-geschenkt-wurde-ihm-nichts_aid_493611.html (Stand: 01.02.2012).

4. Kohls Bild in der Wissenschaft

4.1 Der Faktor Persönlichkeit in der Politik

4.1.1 Vertrauen durch Glaubwürdigkeit und Menschlichkeit

Insgesamt lässt sich sagen, dass in der Forschung weitestgehend Einigkeit darin besteht, dass Helmut Kohls Persönlichkeit einen wichtigen Beitrag für die internationalen Beziehungen und für die erfolgreichen Verhandlungen auf dem Weg zur Wiedervereinigung gespielt habe. Freilich variieren die Urteile jeweils in ihrer Stärke, es zeigt sich jedoch eine positive Gesamtbilanz. Einig ist man sich in dem Punkt, dass Kohl in der Beziehung zum amerikanischen Präsidenten George Bush sozusagen den Höhepunkt seiner politischen Freundschaften erreicht habe.

Stefan Fröhlich spricht dem Kanzler ein außergewöhnliches Talent zu, durch Menschlichkeit und seine Zuverlässigkeit ausstrahlende Art sehr schnell Vertrauen zu schaffen. Kohl sei der richtige Mann zur richtigen Zeit gewesen, da selten in der Geschichte ein besonders gutes Verständnis untereinander so ausschlaggebend für den Lauf der Weltgeschichte gewesen sei, wie im Falle der deutschen Einheit.[351] Kohls Arbeitsstil könne man grundsätzlich als freundschaftlich und vertrauensvoll bezeichnen, so Schwan und Steininger. Auch wenn man ihn oft intellektuell leicht unterschätzt habe, hätten ihn viele Menschen als zuverlässig und äußerst vertrauenswürdig empfunden, ja für die

---

[351] Vgl. Fröhlich, Stefan: Auf den Kanzler kommt es an, S. 113.

Bürger sei er sogar eine Identifikationsfigur gewesen. Kohl habe dies auch geschickt einzusetzen gewusst, in dem er Menschen vereinnahmen habe können.[352] Diesem Punkt stimmt auch Nevil Johnson zu, der sich Kohls ausgeprägtes Talent aus seiner pfälzischen Herkunft erklärt. In der „Provinz" habe Kohl gelernt, wie man schnellstmöglich Duzfreundschaften aufbaut. Dies habe er später in der Politik fortgesetzt und perfektioniert.[353]Auch Rafael Biermann kommt zu dem Schluss, dass die Beziehung Kohl-Gorbatschow aufgrund einer außerordentlichen persönlichen Verbundenheit auf großem Vertrauen basiert habe, wodurch der Gang der weiteren deutschlandpolitischen Ereignisse maßgeblich geprägt worden sei.[354] Hans-Joachim Noack und Wolfram Bickerich hingegen zeigen sich diesbezüglich in ihrer Kohl-Biografie eher zurückhaltend. Kohl habe zwar durchaus politische Freundschaften in der Politik aufgebaut. Diese seien aber weniger aufgrund großen Vertrauens, sondern vielmehr aufgrund gegenseitiger Interessen entstanden. Die Autoren sind davon überzeugt, dass auch Gorbatschow Kohls tatsächliches Gemüt durchschaut habe. So habe der sowjetische Generalsekretär sicher auch erkannt, dass der „Kraftmeier vom Rhein [...] nichts von Diplomatie

---

[352] Vgl. Schwan, Steininger: Helmut Kohl, S. 289 u. S. 294f.

[353] Vgl. Johnson, Nevil: Kohl's Chancellorship, in: German Politics, 2000, 9:1, S. 145-152, hier S. 150.

[354] Vgl. Biermann, Rafael: Zwischen Kreml und Kanzleramt. Wie Moskau mit der deutschen Einheit rang (Studien zur Politik, Bd. 30), Paderborn u.a. 1997, S. 113.

[halte]. Wenn er einmal entschlossen auf eigene Faust vorgeht, dann wird klar: Helmut Kohl traut eigentlich nur sich selbst."[355]

Diese Ansicht stellt allerdings unabhängig von der politischen Richtung die klare Minderheit dar. Grundsätzlich besteht Einigkeit darüber, dass Kohl vor allem durch seine Prinzipientreue in den entscheidenden Fragen große Glaubwürdigkeit erzeugt habe. Michael Mertes schreibt im „Washington Quarterly", dass sich Kohl nicht selten erst dann öffentlich geäußert habe, wenn die Meinung der Mehrheit bereits absehbar gewesen sei. Jedoch sei er in seinen politischen Grundüberzeugungen - wie z.B. dem NATO-Doppelbeschluss, Europa und dem Recht der Selbstbestimmung - standfest wie kaum ein anderer und bereit gewesen, seine politische Existenz dafür aufs Spiel zu setzen. Im Prozess des europäischen Einigungsprozesses habe Kohl den politischen Balanceakt geschafft, patriotisch aufzutreten ohne dabei nationale Töne anzuschlagen. Ohne Kohls persönlichen Einsatz, so Mertes, wäre der europäische Einigungsprozess in dieser Form nicht vorangeschritten.[356]

Als François Mitterand 1981 zum französischen Präsidenten gewählt wurde, traf er in Deutschland überwiegend auf Misstrauen. Nach Hélène Miard-Delacroix, Professorin für Neueste Geschichte/Deutschlandstudien an der Universität La Sorbonne in Paris, habe erst die perfekt in Szene gesetzte Fernsehübertragung von

---

[355] Vgl. Noack, Hans-Joachim u. Wolfram Bickerich: Helmut Kohl, S. 207.
[356] Vgl. Mertes, Michael: Helmut Kohl's Legacy for Germany, in: The Washington Quarterly, 2002, 25:4, S. 67-82, hier S. 69-71.

Mitterands Gang ins Pantheon unter der Anwesenheit seines Freundes Willy Brandts, die Deutschen stark beeindruckt. Im Kontrast dazu sei der damalige Bundeskanzler Helmut Schmidt von Mitterand allerdings alles andere als begeistert gewesen, ja Schmidt hätte sogar die Wiederwahl des konservativen Valéry Giscard D'Estaing vorgezogen. So sei es erst mit dem Amtsantritt Kohls trotz der politischen Unterschiede zur Verbesserung der Beziehungen und zu einer echten Freundschaft gekommen.[357]

Georges Saunier, Dozent an der Universität Pontoise und Referent am Institut François Mitterrand, spricht anstatt einer echten Männerfreundschaft hingegen von gemeinsamen Interessen. Die Tränen Kohls bei Mitterands Trauerfeier würden etwas darüber hinwegtäuschen, dass es durchaus auch heftige Unstimmigkeiten zwischen den Beiden gegeben habe. Vielmehr seien sich beide darüber bewusst gewesen, dass es zur deutsch-französischen Partnerschaft im Sinne des europäischen Einigungsprozesses keine Alternative gab. Daher waren Mitterand und Kohl „zur Eintracht verpflichtet".[358] Dennoch lässt sich nicht leugnen, dass es zwischen Mitterand und

---

[357] So Miard-Delacroix in der Dokumentation „Mitterand. Sozialist, Patriot, Weltpolitiker." Eine schriftliche Zusammenfassung ist unter dem Titel „Mitterand-Kohl: die komplexe Beziehung des deutsch-französischen Paares zwischen Dissens und Konsens." auch online verfügbar. Quelle: http://www.arte.tv/de/3853938,CmC=3863708.html (Stand: 15.12.2011)

[358] Hierzu Georges Saunier ebenfalls in der erwähnten Dokumentation (s.o.) und der online verfügbaren Zusammenfassung.

Kohl menschlich und persönlich zu einer engen Beziehung kam, die dem Kanzler sichtlich viel bedeutete.

4.2 Politische Schritte und Entscheidungen

4.2.1 Vor dem Mauerfall

Verträge und Deutschlandpolitik

Laut Schwan und Steininger sei darauf hinzuweisen, dass Kohl bereits zu Beginn seiner Amtszeit bei den ersten vorbereitenden Besprechungen im Kanzleramt für seine Regierungserklärung die Deutschlandpolitik im Vergleich zu seinen Vorgängern besonders akzentuiert habe. Dabei habe Kohl wie kein anderer betont, dass man trotz der Teilung stets die gemeinsame Nationalgeschichte nicht vergessen dürfe. Außerdem habe sich mit der Regierungsübernahme Kohls im Vergleich zur Regierung Schmidt die Ausgansposition in der Deutschlandpolitik geändert. Ohne ein Urteil darüber zu fällen, wem das größte Verdienst für die Einheit zukomme, verweisen die Autoren darauf, dass Kohl, entgegen der Mehrheit, nach wie vor an die deutsche Einheit geglaubt habe. Brandt und Schmidt hingegen hätten die DDR als einen Staat angesehen, der über ihre Zeit hinaus existieren würde.[359] Diesem Punkt stimmt auch Biermann zu. Den Willen zur Wiedervereinigung habe Kohl „im Gegensatz zu vielen anderen

---

[359] Vgl. Schwan, Steininger: Helmut Kohl, S. 88-90.

Politikern in Bonn [...] nicht verloren."[360] Im Vergleich zu Außenminister Hans-Dietrich Genscher sei es, so Stefan Fröhlich, der Kanzler gewesen, der bereits im August 1989 die deutsche Frage wieder auf der Tagesordnung gesehen und damit ein feines Gespür für die weltpolitischen Veränderungen bewiesen habe.[361] Genscher hingegen hatte zuvor in einem Interview sogar gefordert, man solle den bisherigen deutschlandpolitischen Kurs beibehalten und vorgeschlagen, die DDR solle sich nach sowjetischem Vorbild reformieren.[362]

Ebenso wird häufig der Besuch Gorbatschows in Bonn im Juni 1989 und die durch Kohl wesentlich geprägte „Gemeinsame Erklärung" hervorgehoben, in der das Recht auf Selbstbestimmung explizit genannt wurde. Diese Erklärung, so Alexander von Plato, habe eine sehr große Bedeutung für den weiteren Prozess der deutschen Einheit in den deutsch-sowjetischen Beziehungen und Verhandlungen gehabt. Darüber hinaus habe Kohl bei dem Treffen im Juni Gorbatschow versichert, dass er nichts unternehmen werde, was zur Destabilisierung in Osteuropa beitragen würde. Ebenso seien für Gorbatschow Kohls Bekundungen in den Abrüstungsfragen von elementarer Bedeutung gewesen, sogar wichtiger als die ökonomischen Hilfsversprechen des

---

[360] Biermann, Rafael: Zwischen Kreml und Kanzleramt, S. 243.
[361] Vgl. Fröhlich, Stefan: Auf den Kanzler kommt es an, S. 267.
[362] Genscher: „Hier ist Engagement gefordert", Spiegel-Interview, 25. September 1989.

Kanzlers.[363] Platos Einschätzung nach hat Kohl damit bereits vor dem Herbst 1989 politische Rahmenbedingungen geschaffen, die zu einer aus deutscher Sicht positiven Entwicklung auf dem Weg zur Einheit wesentlich beigetragen hätten. Auch Biermann nennt explizit die „Gemeinsame Erklärung" als einen maßgeblichen Beitrag zur Vereinfachung der deutsch-sowjetischen Beziehungen und weist darüber hinaus auch noch darauf hin, dass Kohl ebenso geschickt wirtschaftliche Verträge mit der Sowjetunion eingesetzt habe.[364]

Auch der 8. November 1989, der Tag vor dem Mauerfall, sei hierbei zu nennen. Kohl habe öffentlich und ausdrücklich an die SED appelliert, dass Bonn für weitere Wirtschaftshilfen bereit sei, sofern damit weitere Freiheitsbedingungen für die Menschen in der DDR erfüllt werden würden. In seiner Rede zur Lage der Nation vor dem deutschen Bundestag habe Kohl am 8. November dabei drei Bedingungen gestellt. Die SED müsse auf ihr Machtmonopol verzichten, unabhängige Parteien zulassen und freie Wahlen gewähren.[365]

Andere Beiträge sehen Helmut Kohl bis in den November 1989 hinein als zögernd und zurückhaltend. Andreas Rödder weist daraufhin, dass Kohl das Selbstbestimmungsrecht in der Tat stets hochgehalten habe, politisch aber selbst nach dem Mauerfall vorerst noch als abwartend

---

[363] Vgl. Von Plato, Alexander: Die Vereinigung Deutschlands – ein weltpolitisches Machtspiel. Bush, Kohl, Gorbatschow und die geheimen Moskauer Protokolle, Berlin 2002, S. 43-45.

[364] Vgl. Biermann, Rafael: Zwischen Kreml und Kanzleramt, S. 134.

[365] Vgl. Gehler, Michael: Deutschland: Von der Teilung zur Einigung. 1945 bis heute, Wien u.a. 2010, S. 320f.

und taktierend zu beschreiben sei. Erst als Hans Modrow mit dem Vorschlag einer Vertragsgemeinschaft die Aufmerksamkeit auf sich zog, habe Kohl nach Drängen seiner Berater gehandelt und sei in die Offensive gegangen.[366] Nicht zu vergessen sei darüber hinaus, so Wolfgang Jäger, dass der „Bazillus" für die SED nicht vom Westen, sondern vom Osten kam. Außerdem dürfe man nicht übersehen, dass die Deutschland- und Entspannungspolitik unter Willy Brandt bereits wichtige Voraussetzungen für den zunehmenden Druck auf die SED-Führung geschaffen habe. Dennoch sei Kohl hoch anzurechnen, dass er bereits im August 1989 die deutsche Frage offen angesprochen habe und die Regierung Kohl in den sich überstürzenden Ereignissen des Herbstes 1989 stets behutsam vorgegangen sei. Die Mäßigung, mit der Kohl und Genscher auf die Vorgänge reagierten, sei von staatsmännischer Qualität gewesen.[367]

Noack und Bickerich kommen zu dem Schluss, dass die Monate August und September 1989 mitunter zu den wichtigsten in der Kanzlerschaft Kohls zu zählen seien. Während der Kanzler für den kommenden Parteitag im September 1989 einen drohenden

---

[366] Vgl. Rödder, Andreas: Deutschland einig Vaterland, S. 137. Ebenso ders.: Wiedervereinigung 1989/90. Deutsche Revolution und internationale Ordnung, S. 97-112, hier 102. in: Andreas Rödder u. Wolfang Elz (Hrsg.): Deutschland in der Welt. Weichenstellungen in der Geschichte der Bundesrepublik, Göttingen 2010.

[367] Vgl. Jäger, Wolfang: Die Überwindung der Teilung. Der inndeutsche Prozeß der Vereinigung 1989/90 (Geschichte der Deutschen Einheit, Bd. 3). Stuttgart 1998, S. 14-17.

Putschversuch ahnte,[368] habe er gleichzeitig engen Kontakt zur kommunistischen Regierung in Budapest gehalten, nachdem sich dort über 100 DDR-Bürger in der westdeutschen Botschaft aufhielten. Durch die intensive Zusammenarbeit habe Kohl „indirekt den Weg zur deutschen Einheit [geebnet]."[369] Den Punkt Ungarn nimmt auch Michael Gehler in einem Beitrag bzgl. der Umsturzbewegungen 1989 in Mittel- und Osteuropa auf. Die Öffnung der ungarisch-österreichischen Grenze für die DDR-Bürger und dem „Exodus" über Ungarn und die CSSR, die damit ihre Ausreise in die BRD erzwangen, seien vorentscheidend für die „Demontage der SED" und den Prozess der deutschen Einheit gewesen. Die politischen Verdienste der beteiligten Hauptakteure bestreitet Gehler dabei nicht, betont aber deutlich, dass die Initiative zur deutschen Einheit von den Menschen im Osten ausgegangen sei. Die BRD habe diese Initiative dann politisch umgesetzt.[370] Noack und Bickerich betonen ebenfalls das Verdienst der DDR-Bürger, bestreiten hingegen aber den politischen Einfluss ab Oktober 1989. Spätestens mit dem Beginn der Leipziger Montagsdemonstrationen, so die Autoren, sei „jene innere Entwicklung in der DDR wie zwangsläufig [verlaufen], nur von der Kraft und Entschlossenheit ihrer Menschen gesteuert, nicht aber von politischen Akteuren."[371] Dieser Ansicht tritt wiederum Plato entgegen

---

[368] Hierzu Kohl: Erinnerungen, S. 53.

[369] Noack, Bickerich: Helmut Kohl, S. 191.

[370] Vgl. Gehler, Michael: Die Umsturzbewegungen 1989 in Mittel- und Osteuropa. Ursachen – Verlauf – Folgen, in: Aus Politik und Zeitgeschichte, 4. Oktober 2004, S. 36-46, hier S. 40f.

[371] Noack, Bickerich: Helmut Kohl, S. 200f.

und merkt an, dass die Bürgerbewegung zwar bedeutsam für den Niedergang der SED gewesen sei, aber „entgegen vieler nachträglicher Mythen oder Auslassungen in den Medien [könne man] nicht davon sprechen, dass die Bürgerbewegung eine Avantgarde der wirklichen Entwicklung zur Wiedervereinigung darstellte [...].“ Die inneren Aspekte betreffend sei Ziel und Richtung der Wiedervereinigung insbesondere von der BRD bestimmt worden.[372]

In Bezug auf den Herbst 1989 weist schließlich Alistair Cole noch auf einen interessanten Punkt hin. Bei Berücksichtigung der innenpolitischen und vor allem innerparteilichen Lage im September 1989, mit dem geplanten Sturz Kohls auf dem Bremer Parteitag, müsse man davon sprechen, dass die Öffnung der Grenzen in Ungarn und der Zerfall der DDR Kohls Kanzlerschaft gerettet hätten (die Öffnung der Grenzen in Ungarn hatte Kohl ja in der Tat geschickt mit der Regierung in Budapest zuvor zeitlich abgestimmt). Dennoch, so Cole, im Herbst 1989 habe Kohl die Lage wie kein anderer sofort erkannt und richtig eingeschätzt sowie rasch gehandelt.[373] Karl Hugh Pruys kommt zu dem Schluss, dass Kohl nach eher unauffälligen Jahren der Kanzlerschaft (1982-1989) mit den Ereignissen 1989/90 bis hin zur Wiedervereinigung erst seine wahre Bestimmung gefunden habe. „It

---

[372] Plato, Alexander: Vereinigung Deutschlands, S. 302.
[373] Vgl. Cole, Alistair: Political Leadership in Western Europe. Helmut Kohl in Comparative Context, in: German Politics, 1998, 7:1, S. 120-142, hier S. 125.

was not until unification that Helmut Kohl found *the* great theme of his life."[374]

4.2.2 Westbindung und NATO-Doppelbeschluss

Während sich die Forschung weitestgehend darüber einig ist, dass die Ostpolitik in den Anfangsjahren der Regierung Kohl zunächst nur wenig Kontur gezeigt habe, wird andererseits die Bedeutung der eindeutigen Westbindung und Kohls persönliche Nähe zu den Prinzipien Konrad Adenauers betont. Die Voraussetzungen für die Westintegration habe laut Arnulf Baring aber die Union insgesamt gestellt. Insofern sei die Union die „bei weitem wichtigste Partei der alten Bundesrepublik" gewesen, da sie wie keine andere die Anlehnung an den Westen und die Marktwirtschaft geprägt habe. Nebenbei fügt der Historiker Baring noch den freilich bewusst überspitzt formulierten, aber doch sehr seltsam klingenden und wenig sachlichen Kommentar hinzu, alle anderen Parteien seien in dieser Hinsicht „im Grunde nur Zutaten [gewesen]."[375]

Biermanns Auffassung nach sei Kohl in der Hinsicht der Adenauerschen Position eine Ausnahmeerscheinung gewesen, indem

---

[374] Pruys, Karl Hugh: Kohl: Genius of the Present (Illinois Edition Q, 1996); Stephen Padgett (ed.), S. 275.

[375] Baring, Arnulf: Was zu tun bleibt, zehn Jahre nach der Wiedervereinigung: Die Berliner Republik mit Leben erfüllen!, In: Eberhard Diepgen (Hrsg.): Deutsche Einheit, Gedanken, Einsichten und Perspektiven, Berlin 2000, S. 23-43, hier: S. 26.

er wie kaum ein anderer an den Grundpositionen Adenauers unvermindert festgehalten habe.[376] Fröhlichs Ansicht nach habe Kohl durch seine klare Westbindung in Verbindung mit seinem eindeutigen Credo zur europäischen Integration bereits in den Jahren 1982/83 die Voraussetzung für die Realisierung der Einheit geschaffen. Allerdings müsse man auch feststellen, dass Kohl während des Prozesses der Wiedervereinigung in Sachen einer NATO-Mitgliedschaft inklusive des ehemaligen DDR-Gebietes unentschlossen gewesen sei. Letzten Endes habe sich der Kanzler aber für eine gesamtdeutsche NATO-Mitgliedschaft ausgesprochen, während Genscher aus größerer Rücksichtnahme gegenüber Moskau noch laut über die Alternative einer gesamteuropäischen Sicherheitsordnung sinniert habe.[377] Dass ein vereintes Deutschland Mitglied der NATO sein solle und eine von mancher Seite vorgeschlagene Neutralisierung von vornherein auszuschließen sei, sah man mitunter bereits während des Jahres 1990 so, wie z.B. ein Beitrag von Heinrich August Winkler in der Süddeutschen Zeitung vom 16.2.1990 zeigt.[378] Auch Rödder arbeitet heraus, dass man durch das klare Bekenntnis zum Westen in den entscheidenden Jahren 1989/90 von einer außenpolitischen Stabilisierung der BRD sprechen könne. Durch Helmut Kohls

---

[376] Vgl. Biermann: Zwischen Kreml und Kanzleramt, S. 243.

[377] Vgl. Fröhlich: Auf den Kanzler kommt es an, S. 118 u. S. 276.

[378] Hierzu Winkler, Heinrich August: Der Staatenbund als Bewährungsprobe. Das erreichbare Maß an Einheit verträgt keinen Aufschub mehr, in: Udo Wengst (Hrsg.): Historiker betrachten Deutschland. Beiträge zum Vereinigungsprozess und zur Hauptstadtdiskussion (Februar 1990 – Juni 1991), Bonn u. Berlin 1992, S. 33-38.

Loyalität und Verlässlichkeit habe Bonn bis zum Ende der achtziger Jahre spürbar an politischem Gewicht gewonnen gehabt. Besonders zu betonen sei dabei der NATO-Doppelbeschluss, bei dem Kohl trotz des innenpolitischen Gegenwinds einen politischen Kraftakt vollzogen und somit eindrucksvoll seine Bündnistreue unter Beweis gestellt habe.[379] Über die demonstrative Bündnistreue hinaus habe laut Biermann der NATO-Doppelbeschluss vor allem eine psychologische Bedeutung gehabt. Die Sowjetunion sei von den Vereinigten Staaten nicht „totgerüstet" worden und insofern sei der NATO-Doppelbeschluss nicht unmittelbar ausschlaggebend für den amerikanischen Triumph im Kalten Krieg gewesen. Jedoch sei damit an Moskau ein deutliches Signal gesandt worden. Die Vereinigten Staaten und ihre Verbündeten seien stets gewillt, ihre Freiheit zu verteidigen. Ohne die große Standfestigkeit Kohls, so Biermann weiter, mit der er trotz enormen Widerstands den NATO-Doppelbeschluss durchgesetzt habe, hätte die Weltgeschichte einen anderen Verlauf genommen.[380] Dadurch sei es laut Plato zu einer noch intensiveren gemeinsamen Politik mit den USA gekommen, die schließlich in der von Bush proklamierten „Partner in leadership" ihren Höhepunkt gefunden habe. Die enge Zusammenarbeit mit den USA sei für den Prozess der Wiedervereinigung an Bedeutung nicht zu überschätzen. Weltpolitisch gesehen sei zuvor eigentlich nur die Marshall-Plan-Politik ebenso

---

[379] Vgl. Rödder, Andreas: Die Bundesrepublik Deutschland. 1969-1990 (Oldenbourg Grundriss der Geschichte), (hrsg. von Lothar Gall u.a., Bd. 19A), München 2004, S. 79 u. S. 93.

[380] Biermann: NATO-Doppelbeschluss, S. 95, in: Andreas Rödder (Hrsg.): Deutschland in der Welt.

erfolgreich gewesen.[381] Die Entschlossenheit Kohls, in den achtziger Jahren den NATO-Doppelbeschluss durchzusetzen, sei laut Schwan und Steininger eine wesentliche Voraussetzung dafür gewesen, dass es am 8. Dezember 1987 zwischen Ronald Reagan und Michail Gorbatschow zur Unterzeichnung des INF-Vertrages (Intermediate-Range Nuclear Force) kam, mit dem schließlich alle Mittelstreckenraten in Europa abgebaut werden sollten.[382] Dass eine gute Beziehung zwischen Washington und Bonn für den Prozess der Wiedervereinigung von großer Bedeutung gewesen sei und die deutsche Einheit ohne das Weiße Haus nicht erreicht worden wäre, stellt Lewis L. Gould heraus. Bereits unter Reagan seien demnach die Weichen für das Ende des Kalten Krieges gestellt worden.[383] Dessen Nachfolger George Bush habe mit seiner Administration schließlich das endgültige Ende des Kalten Krieges besiegelt. „With the Soviet Union collapsing in 1989 and 1990, the President and his foreign policy team of James A. Baker as secretary and Brent Scowcroft as national security adviser managed the end of the Cold War with evident skill."[384]

Mertes betont, dass sich Kohl durch seine Standfestigkeit in Fragen der Bündnistreue großes Vertrauen bei den Amerikanern erarbeitet habe und schreibt ihm ein großes persönliches Verdienst daran zu, in den

---

[381] Vgl. Plato: Vereinigung Deutschlands, S. 413.

[382] Vgl. Schwan, Steininger: Helmut Kohl, S. 109.

[383] Vgl. Gould, Lewis: The Modern American Presidency, University Press of Kansas 2003, S. 203. *"Reagan also deserves praise for the reduction in Cold War tensions that occurred in the last years of his presidency."*

[384] Gould: a.a. O., S. 208.

achtziger Jahren eine tiefe Krise der NATO verhindert zu haben, aufgrund derer eine Wiedervereinigung in dieser Form freilich nicht möglich gewesen wäre. Kohls tiefes Bekenntnis zu den Prinzipien Adenauers und der Westbindung habe sogar die Zeit der rot-grünen Koalition geprägt. So zieht Mertes schließlich den mitunter durchaus amüsanten Vergleich zwischen der Ära Kohl (1982-1998) und Rot-Grün (1998-2005). Die Reden von Außenminister Joschka Fischer zur Zukunft Europas hätten auch von einem Christdemokraten geschrieben werden können, so Mertes. „If Kohl was Adenauer's grandson, then Fischer became Kohls nephew."[385] Alistair Cole kommt zu dem Schluss, dass Kohl durch seine klaren Prinzipien vor allem im Bereich NATO und europäische Integration Genscher sozusagen verdrängt und die außenpolitische Hauptrolle gespielt habe.[386]

Während also auch die Forschung Kohls These von der enormen Bedeutung der Westbindung und des NATO-Doppelbeschlusses weitestgehend untermauert, sei noch auf Michael Gehlers Ansicht verwiesen. Dabei stellt er Kohls Verdienst nicht grundsätzlich in Frage, fokussiert aber die Unterschiede zwischen Adenauer und Kohl . Zum einen, so Gehler, habe Adenauers Politik in den fünfziger Jahren in eine Sackgasse geführt, da man sich nur im Bereich des atlantischen Bündnisses und des europäischen Integrationsverbundes bewegt habe, während der „Schlüssel zur deutschen Einheit" in Moskau gewesen sei. Auch wenn Kohl es nie betont und zugegeben habe, seien unter seiner

---

[385] Vgl. Mertes: Kohl's Legacy for Germany, S. 71 u. S. 76-80.
[386] Vgl. Cole: Political Leadership, S. 134.

Regierungszeit doch ganz andere deutschlandpolitische Akzente gesetzt worden als unter Adenauer. Im Gegensatz zum ersten Kanzler der BRD habe Kohl drei wichtige Voraussetzungen erfüllt, welche die deutsche Einheit erst ermöglicht hätten:

1. Kohl hatte einen sehr starken Willen zur deutschen Einheit.
2. Kohl zeigte großes Bemühen für die Herstellung von substanziellen Beziehungen zur Sowjetunion.
3. Kohl hatte zur entscheidenden Zeit eine sehr große Risikobereitschaft.[387]

Gehlers differenzierter Blick rundet die Beurteilung aus der Forschung zu Kohls Westbindung und Prinzipien sehr gut ab. Allerdings muss kurz angemerkt werden, dass diese Gegenüberstellung trotz ihrer Plausibilität mitunter etwas hinkt, da sich die praktische Umsetzung der deutschlandpolitischen Grundprinzipien Adenauers und Kohls aufgrund der unterschiedlichen politischen Rahmenbedingungen der Jahre 1949-1963 sowie 1982-1989/90 freilich nur schwerlich in einen direkten Vergleich setzen lässt. Das Gesamtbild, und das sieht auch Gehler so, zeigt jedenfalls eine positive Beurteilung der Grundprinzipien Kohls und seiner Deutschlandpolitik.

---

[387] Vgl. Gehler: Deutschland, S. 354-358. Auf diesen Seiten noch weitere interessante und direkte Vergleiche zwischen Kohl und Adenauer, mit denen Gehler die seiner Ansicht nach deutlichen Unterschiede in der Deutschlandpolitik zwischen beiden Kanzlern aufzeigt.

4.2.3 Der Zehn-Punkte-Plan

Nachdem es für manche Beobachter so schien, als habe Hans Modrow mit dem Vorschlag einer Vertragsgemeinschaft in der deutschen Frage die Initiative übernommen, sah man sich in Bonn mitunter in die Defensive gedrängt und somit zum Handeln gezwungen. Die Initiative zum Zehn-Punkte-Plan selbst ging grundsätzlich von Horst Teltschik aus, wie Schwan und Steininger zurecht anmerken. Kohl, der für den Willen der DDR-Bürger ohnehin ein weitaus besseres Gespür gehabt habe als Modrow, habe nun mit dem Zehn-Punkte-Plan „meisterlich" und „virtuos" reagiert. Ebenso habe Kohl die Entwürfe des Planes noch maßgeblich durch eigene Korrekturen und weitere Vermerke geprägt.[388]

Laut Gehler sei beim Zehn-Punkte-Plan vor allem der Abschnitt über konföderative Schritte zu nennen, mit denen Bonn langfristig auf die deutsche Einheit abzuzielen schien. Die Initiative des Kanzlers sei ein „geschickter Schachzug" gewesen, mit dem er eine „zeitgemäße Antwort auf die in Fluss geratene deutsche Frage gab."[389] Ähnlich argumentiert Rödder, der in dem Plan einen „vereinigungspolitischen Coup" sieht. Sprachlich geschickt formuliert seien dabei die explizit genannten konföderativen Strukturen, und eben nicht die verbindlich klingende Konföderation gewesen. Allerdings müsse man dabei anmerken, dass der Inhalt selbst kaum Neues oder Spektakuläres zu

---

[388] Vgl. Schwan, Steininger: Helmut Kohl, S. 180-186.
[389] Gehler: Deutschland, S. 325. Ähnlich argumentiert hier Jäger: Überwindung der Teilung, S. 58.

bieten gehabt habe. Jedoch habe nun durch die rhetorische und symbolische Wirkung das Thema Wiedervereinigung wieder im Raum gestanden und der Kanzler habe in der deutschen Frage für jeden sichtlich erkennbar die Meinungsführerschaft übernommen. Kohl habe damit insofern ein Tabu gebrochen, indem er regierungsoffiziell über die deutsche Wiedervereinigung sprach und somit das Thema nun definitiv auf die politische Agenda gesetzt habe. Entsprechend positiv (z.B. in der deutschen Presse) bzw. negativ (Thatcher, Gorbatschow, teilweise eigene Koalitionskreise) sei das Echo gewesen.[390] Plato beurteilt den Inhalt des Zehn-Punkte-Plans als im Grunde wenig weitsichtig. Allerdings sei ein symbolischer Startschuss gegeben worden, bei dem es wichtig gewesen sei, dass Kohl als Initiator erschien.[391]

Noack und Bickerich betonen die fehlende Kommunikation innerhalb der Koalition hingegen etwas ausführlicher und verweisen auf die aus ihrer Sicht mangelnden diplomatischen Fähigkeiten des Kanzlers. Der Schritt sei auch deshalb äußerst fraglich gewesen, da es ja letzten Endes Genscher gewesen sei, der die zum Teil heftigen und äußerst negativen Reaktionen und Anschuldigungen aus Moskau im Nachhinein persönlich habe ausbaden müssen.[392]

---

[390] Rödder: Wiedervereinigung, S. 102 u. ders: Deutschland einig Vaterland, S. 140-142.
[391] Vgl. Plato: Vereinigung Deutchlands, S. 123.
[392] Noack, Bickerich: Helmut Kohl, S. 207f.

4.2.4 Die Rede in Dresden

Helmut Kohl weist in seinen Erinnerungen darauf hin, dass er die Rede in Dresden im Dezember 1989 aus dem Stegreif gehalten habe.[393] Den Worten des Kanzlers wurde weltweit Beachtung geschenkt und auch in der Forschung wird immer wieder die große Bedeutung dieser Rede herausgestellt. Selbst die Kohl kritisch gesinnten Hans-Joachim Noack und Wolfram Bickerich sprechen dem Tag in Dresden eine enorme Bedeutung zu und stellen fest, dass Kohl die Rede sicher nicht aus dem Stegreif gehalten habe, da sie dafür viel zu gut gewesen sei. Der Kanzler sei in der Tat tief berührt gewesen, habe durch seine Worte aber behutsam zur Besonnenheit aufgerufen. Gleichzeitig habe er sich hier auf sein feines Gespür verlassen können, den Willen der Mehrheit der DDR-Bürger zu erfassen und politisch aufzugreifen.[394] In der Tat bewegte sich Kohl in Dresden auf dünnem Eis. Auch Gorbatschow hatte dem Kanzler zuvor verdeutlicht, er solle die Gemüter nicht unnötig erhitzen und warnte vor zu großer Euphorie. Kohl wusste, dass man auf jedes einzelne Wort seiner Äußerungen sowie seine Gesten aufmerksam achten würde.[395] Dass Kohl an diesem Tag primär nach Dresden gekommen war, um Gespräche mit Hans Modrow zu führen, wird in diesem Kontext oft unerwähnt gelassen. Rödder erklärt dies

---

[393] Vgl. Kohl: Erinnerungen, S. 148f.

[394] Vgl. Noack, Bickerich: Helmut Kohl, S. 211.

[395] Vgl. hierzu Schwan, Steininger: Helmut Kohl, S. 200f. Auch Documents on British Policy Overseas, S. 157, Mallaby to Mr Wall, 7 December 1989: *„[...] measured tread and preservation of stability are essential, [...] nothing should be done to complicate things for Gorbachev.“*

damit, dass das Gespräch zwischen Kohl und Modrow aus heutiger Perspektive keine wesentliche Rolle mehr spiele. Von zentraler Bedeutung sei an diesem Tag allerdings Kohls Kontakt mit der DDR-Bevölkerung gewesen, die ihn als „Heilsbringer" begrüßt hätte. Kohl habe den mehrheitlichen Willen der Bürger in der DDR instinktiv erfasst und so sei Dresden für Kohl ein Schlüsselerlebnis gewesen, ein „Motor auf dem Weg zur deutschen Einheit."[396] Darüber hinaus spricht Rödder an, dass – entgegen Kohls Äußerungen – die Rede nicht einer spontanen Idee entsprungen sei. Im Gegenteil, sie sei sehr sorgfältig vorbereitet gewesen. Dies ändere jedoch nichts an der Tatsache, dass Kohls Auftritt eine enorme politische, psychologische und emotionale Bedeutung beizumessen sei.[397] Kohl habe wie kein anderer Bundespolitiker – mit Ausnahme von Willy Brandt – die Stimmung in der DDR-Bevölkerung und ihre Entwicklungsrichtung so instinktiv richtig erfasst.[398] Der Interpretation von Alexander von Plato hingegen ist zu entnehmen, dass der Tag in Dresden nicht primär unter dem Aspekt starker Emotionen gesehen werden sollte. In erster Linie habe Kohl damit freilich einen politischen Zweck erfüllt. Die Rede sei vor allem „öffentlichkeitswirksam" gewesen.[399]

Die psychologische Wirkung der Dresdner Rede ist unbestritten. Hinter den großen Emotionen wird dabei aber zu oft die eigentliche

---

[396] Rödder: Wiedervereinigung, in: Deutschland in der Welt, S. 103.

[397] Rödder: Deutschland einig Vaterland, S. 143-145.

[398] Rödder: a.a.O., S. 142 (Rödder bezieht sich mit dieser Bewertung nicht nur auf Dresden, sondern mitunter auch schon auf den Zehn-Punkte-Plan).

[399] Vgl. Plato: Vereinigung Deutschlands, S. 162.

politische Konsequenz übersehen bzw. nicht ausreichend erwähnt. Darauf weist Jäger schließlich hin und nennt dabei die wesentliche politische Botschaft des gesamten Auftretens Kohls in Dresden. Der deutsche Bundeskanzler befand sich an diesem Tag auf dem Territorium der DDR. Durch seine Präsenz, die Macht der Bilder und Worte habe Kohl de facto Modrow die Legitimität abgesprochen und verdeutlicht, dass er im Grunde nicht bereit sei mit ihm zu verhandeln. Der Kanzler habe somit nicht zu DDR-Bürgern gesprochen, sondern vor seinen eigenen deutschen Mitbürgern. Kohl habe den Menschen in Dresden und der ganzen DDR verdeutlicht, dass er sich als Kanzler aller Deutschen sehe. An diesem Tag in Dresden habe Kohl endgültig den Willen der DDR-Bürger verinnerlicht und daraus für den weiteren Weg zur deutschen Einheit die notwendigen Konsequenzen gezogen.[400]

4.2.5 Wahlbündnis

Die Volkskammerwahl vom 18. März 1990 sorgte nicht nur aufgrund der für die Allianz düsteren Wahlprognosen für eine große Überraschung, sondern war ein weiterer Meilenstein auf dem Weg zur Wiedervereinigung. Mit dem deutlichen Wahlsieg der Allianz wurde nämlich ein unmissverständliches Plädoyer für die deutsche Einheit ausgesprochen. Mögliche „dritte Wege", so Hans-Georg Golz, seien damit endgültig ad acta gelegt worden. Das Wahlergebnis interpretiert

---

[400] Vgl. Jäger: Die Überwindung der Teilung, S. 86.

Golz demnach als den in einer freien Wahl von einer großen Mehrheit der Bürger in der DDR geäußerten Wunsch nach einer raschen Wiedervereinigung.[401] In Bezug auf Helmut Kohls Anteil am Wahlerfolg wird sein Talent für politisches Taktieren und die Fähigkeit, unterschiedliche und nicht selten untereinander zerstrittene politische Gruppen innerhalb kürzester Zeit zusammengebracht zu haben, besonders betont. Das Wahlbündnis sei laut Schwan und Steininger von Bonn aus geformt und geprägt worden und sozusagen Kohls „Wahlverein" gewesen. Insgesamt sei ihm dabei eine taktische Meisterleistung zu attestieren und wie immer im Wahlkampf sei er zur Höchstform aufgelaufen. Entscheidend sei die Person Kohl gewesen, da der Kanzler für die DDR-Bürger Freiheit, Einheit und Wohlstand personifiziert habe.[402] Diesem Standpunkt pflichtet Rödder bei. Die einzelnen Gruppen zusammenzubringen sei einem politischen Kraftakt gleichgekommen. Der Wahlkampf sei voll und ganz auf die Person Kohl ausgerichtet gewesen. Somit hätten die Bürger all ihre Hoffnungen in Kohl persönlich gesetzt und somit quasi automatisch zu hohe Erwartungen an den Kanzler gestellt, der diese nach der Einheit nicht habe erfüllen können.[403] Wolfgang Jäger verdeutlicht diesen Sachverhalt noch einmal mit der Feststellung, dass sämtliche Wahlplakate, Fotos und Wahlzeitungen fast ausschließlich Kanzler

---

[401] Vgl. Golz, Hans-Georg: Editorial in „Aus Politik und Zeitgeschichte, 4. Oktober 2004, S. 2.
[402] Vgl. Schwan, Steininger: Helmut Kohl, S. 240.
[403] Vgl. Rödder: Deutschland einig Vaterland, S. 225f.

Kohl persönlich zeigten.[404] Auch Gehler spricht die hohen Erwartungen an Kohl an, die der Kanzler aber voll und ganz selbst zu verantworten habe. Während des Wahlkampfes seien seine Äußerungen der „blühenden Landschaften" zwar gut angekommen, man hätte den Menschen aber deutlicher vor Augen führen müssen, welch große Anstrengungen vor jedem Einzelnen liegen würden.[405] Auch Noack und Bickerich werfen Kohl vor, der Grundstein für den späteren Wahlerfolg sei auf unrealistische Äußerungen und Versprechen gesetzt worden.[406] Trotzdem sei die Bedeutung des Wahlsieges, so Rödder, kaum zu überschätzen. Die Wahlen hätten freie Fahrt gegeben und seien vor allem auch international ein deutliches Zeichen gewesen.[407]

4.2.7 Oder-Neiße

Kohls Haltung in der Grenzfrage zu Polen löste international und auch innenpolitisch große Irritationen aus. Über Monate hinweg (erst im Juni 1990 bekannte sich der Bundestag und die Volkskammer offiziell zur Anerkennung der Grenze)[408] vertrat Kohl den Standpunkt, eine offizielle Anerkennung der bestehenden Grenze zu Polen könne es erst durch die Erklärung eines wiedervereinigten Deutschlands geben.

---

[404] Vgl. Jäger: Die Überwindung der Teilung, S. 406.

[405] Vgl. Gehler: Deutschland, S. 337

[406] Vgl. Noack, Bickerich: Helmut Kohl, S. 215.

[407] Vgl. Rödder: Deutschland einig Vaterland, S. 225.

[408] Vgl. hierzu die Entschließung des Bundestages und der Volkskammer der DDR zur deutsch-polnischen Grenze vom 21. Juni 1990, in: von Münch: Dokumente der Wiedervereinigung Deutschlands, S. 280.

Insbesondere Paris und London drängten auf eine frühzeitige Anerkennung der Oder-Neiße-Grenze. Kohl aber berief sich auf juristische Schwierigkeiten[409] und stand aus seiner Sicht bei den Vertriebenen im Wort, die er nicht verstimmen wollte.[410] An Ironie fehlt es in dieser Sache nicht. Gerade Kohl, ein überzeugter Europäer, sorgt durch seine Weigerung, sich noch vor der Wiedervereinigung offiziell und in aller Deutlichkeit zu den bestehenden Grenzen zu äußern, für in der Sache unnötige Komplikationen. Der Kanzler, der sich sonst so sehr auf sein Gespür für die Wichtigkeit der Psychologie in der Politik verlassen konnte, zeigte in dieser Frage gegenüber Polen nur wenig Einfühlungsvermögen.[411] So merkte auch Heinrich August Winkler am 16.02.1990 in der Süddeutschen Zeitung an, dass es ein wichtiger Beitrag sei, wenn der deutsche Bundestag und die frei gewählte Volkskammer sich in einer offiziellen Erklärung gemeinsam dazu bekennen würden, dass die Oder-Neiße-Grenze nach deutschem Willen die endgültige Westgrenze Polens sei.[412]

Rödder stellt korrekt dar, dass es hierbei weniger um die Sache an sich, sondern um die Frage nach dem besten Verfahren der Anerkennung gegangen sei. Kohl habe sich vor allem aufgrund von innenpolitischem Kalkül gegen ein offizielles Statement gesträubt. Die Vertriebenen, ein wichtiges Wahlklientel der Union, habe der Kanzler nicht verstimmen

---

[409] Vgl. hierzu Teltschik: 329 Tage, S. 104.

[410] Hierzu Schwan, Steininger: Helmut Kohl, S. 244 u. S. 247.

[411] Hierzu auch ähnliche Argumentation von Rödder: Wiedervereinigung, s. 107.

[412] Vgl. Winkler, Heinrich August: Staatenbund als Bewährungsprobe, in: Udo Wengst (Hrsg.): Historiker betrachten Deutschland, S. 37.

wollen. Grundsätzlich habe auch für Kohl außer Frage gestanden, dass ein wiedervereinigtes Deutschland die bestehende Grenze zu Polen niemals in Frage stellen würde. Kohl habe den Schritt der endgültigen Anerkennung der Grenze so spät wie möglich hinauszögern wollen, um gegenüber den Vertriebenen die Anerkennung der Grenze als unvermeidliche Konzession für den Gewinn der Einheit darzustellen. Dies mag aus wahltaktischen Gründen durchaus plausibel erscheinen. Rödder schließt aber richtig daraus, dass Kohls Verhalten zu äußeren und inneren Irritationen und Konflikten geführt habe, deren Ausmaß Kohl wohl unterschätzt habe.[413] Ähnlich äußert sich auch Jäger und spricht diesbezüglich von einem „unnützen Streit", der letzten Endes erst durch die Überzeugungsarbeit der Kanzleramtsmitarbeiter aus dem Weg habe geräumt werden können.[414] Plato nennt Kohls Erklärungsansätze und seine Gedankengänge zur Oder-Neiße-Grenze als im Grunde nicht nachvollziehbar.[415] Noack und Bickerich äußern ihr Unverständnis darüber, dass ausgerechnet der Historiker Kohl einen solchen Akt der Akzeptanz von Realitäten unter juristischen Vorwänden abgelehnt und somit unnötig zu internationalen Verstimmungen auf dem Weg zur Einheit beigetragen habe.[416]

Doch immerhin, so Biermann, habe sich Kohl schließlich überzeugen lassen und mit der offiziellen Erklärung von Bundestag und Volkskammer im Juni 1990 sei es somit noch rechtzeitig zu der

---

[413] Vgl. Rödder: Deutschland einig Vaterland, S. 235-238.
[414] Vgl. Jäger: Die Überwindung der Teilung, S. 132.
[415] Vgl. Plato: Vereinigung Deutschlands, S. 268.
[416] Vgl. Noack, Bickerich: Helmut Kohl, S. 202.

nötigen Entspannung für die anstehenden Zwei-Plus-Vier Verhandlungen gekommen.[417]

4.2.6 Wirtschafts- und Finanzpolitik, Kreditvergabe an Moskau

Schon allein die Ankündigung für eine Währungs-, Wirtschafts- und Sozialunion habe laut Klaus Schroeder eine „Sogwirkung" gehabt und wie ein Magnet gewirkt. Es sei ein entscheidender Vorstoß Kohls und Schäubles gewesen. Darüber hinaus habe die Entscheidung auch dazu beigetragen, dass die enormen Übersiedlerzahlen in Folge zurückgingen. So sehr die Entscheidung politisch richtig gewesen sei, so falsch sei dies aus ökonomischer Sicht gewesen. Es sei eine illusionäre Vorstellung gewesen, die Währungsunion ohne zusätzliche staatliche Einnahmen (also Steuererhöhungen, die Kohl und Waigel ausschlossen) finanzieren zu können.[418] Rödder sieht darin aber kein bewusstes Verschweigen oder ein Ignorieren der ökonomischen Realität. Die Euphorie in dieser Phase des Prozesses der deutschen Einheit sei nachvollziehbar und eine optimistische Annahme der künftigen Wirtschaftskraft eines vereinten Deutschlands sei authentisch gewesen. Dennoch, heute müsse man natürlich bekennen,

---

[417] Vgl. Biermann: Zwischen Kreml und Kanzleramt, S. 521.

[418] Vgl. Schroeder, Klaus: Die veränderte Republik. Deutschland nach der Wiedervereinigung (Bayerische Landeszentrale für politische Bildungsarbeit), München 2006, S. 162.

dass sich die Kohl-Regierung diesbezüglich finanziell dramatisch überschätzt habe.[419]

Auch Schwan und Steininger sprechen den oft diskutierten Umtauschkurs von 1:1 an, kommen aber zu dem Schluss, dass dieser alternativlos gewesen sei. Es sei eine rein politische Entscheidung gewesen. Eine rein ökonomische Entscheidung hingegen hätte zu einer Welle des Protestes geführt und die DDR wäre alsbald ein verlassener Ort gewesen.[420]

Kritisch bemerken vor allem Noack und Bickerich, dass die Regierung Kohl bei der Festsetzung des Umtauschkurses die Stimmen aus der Wirtschaftswissenschaft quasi vollkommen ignoriert habe. Im Prinzip hätten alle Ökonomen das Vorhaben der Regierung Kohl für unrealistisch gehalten. Dennoch habe der Kanzler persönlich darauf beharrt, den Plan umzusetzen. Kohls Aussage, in dieser Situation seien die psychologischen Argumente weitaus wichtiger gewesen als die ökonomischen, ändere nichts an dem wirtschaftlichen Schaden, der dadurch entstanden sei. Den Höhepunkt habe Kohls stures Vorgehen in dem Rücktritt von Bundesbankpräsident Karl Otto Pöhl gefunden. Niemals zuvor, so die Autoren, habe „ein deutscher Regierungschef derart ungeniert die Macht der Bundesbank beschnitten."[421] Im Rückblick betrachtet, und an dieser Stelle ziehen die Autoren durch eine etwas eigenwürdige Interpretation die Aufmerksamkeit auf sich,

---

[419] Vgl. Rödder: BRD 1969-1990, S. 105.
[420] Vgl. Schwan, Steininger: Helmut Kohl, S. 242.
[421] Noack, Bickerich: Helmut Kohl, s. 216.

sei es das Verdienst Oskar Lafontaines, auf die kommenden Kosten, Risiken und Lasten der Wiedervereinigung aufmerksam gemacht zu haben.[422] Dass Lafontaine vorrangig aus wahltaktischen und - wie aus Kreisen der britischen Regierung durchaus treffend tituliert - populistischen Gründen[423] gegen eine mögliche Einheit Stimmung zu machen versuchte, erwähnen Noack und Bickerich hingegen nicht.

Fritz Vilmar ist der Meinung, dass der Kanzler die Währungsunion anfangs nicht gewollt habe und erklärt sich Kohls vermeintlichen Sinneswandel mit rein wahltaktischen Gründen:

„Die Ursachen für das plötzliche Umschwenken der Regierung in [B]ezug auf die Währungsunion lagen also nicht etwa in ökonomischen Überlegungen, sondern wurden von politischen Erwägungen der Partei, die sich um ihren Machterhalt sorgte, bestimmt [...]. Allein aus wahltaktischen Gründen wurden die noch kurz zuvor geltenden Vorbehalte und Stufenpläne vom Tisch gewischt."[424]

Weiter führt Vilmar aus, dass es durchaus Alternativen zur Währungsunion gegeben habe. Dabei spricht er von starken (Lohn-)Subventionen, Modernisierungshilfen und Eigentumsreformen, auf

---

[422] Noack, Bickerich: a.a.O., S. 225.

[423] Die britische Regierung titulierte Lafontaine als opportunistisch, populistisch und unberechenbar. Dies wird deutlich in den „Documents on British Policy Overseas": so z.B. S. 136, 220, 251, 312, 440.

[424] Vilmar, Fritz: Die übereilte Währungsunion: Eine ökonomische Katastrophe, in: ders. [Hrsg.]: Zehn Jahre Vereinigungspolitik. Kritische Bilanz und humane Alternativen (Kritische Analysen zur Vereinigungspolitik, Bd.1), Berlin ²2000, S. 147-160, hier S. 149.

die man sich gleich zu Beginn vielmehr hätte konzentrieren müssen. Dadurch wäre aus seiner Sicht ein nachhaltiges Produktivitätswachstum entstanden, mit dem man „nach und nach" (*leider bleibt an dieser Stelle unklar, was man unter „nach und nach" verstehen darf - eigene Anmerkung*) die Konvertierbarkeit der DDR-Mark hätte herstellen können. „Im Ergebnis", so Vilmar, „ist daher die voreilige Durchführung der Währungsunion zu einem konstitutiven Akt der strukturellen Kolonialisierung Ostdeutschlands geworden."[425] Zuspruch für diese These findet Vilmar bei François Bafoil, der bereits 1991 davon sprach, dass die Mauer in den Köpfen bleiben werde, da den Ostdeutschen keine andere Rolle übrig bleibe als die eines Marktes oder einer Kolonie.[426]

Große Einigkeit herrscht hingegen über Kohls erfolgreiches Management im Bereich der an Moskau gegebenen Kredite, um somit im Gegenzug Gorbatschow Zugeständnisse in den noch kritischen Fragen abzuringen. Schroeder und Fröhlich nennen dabei vor allem Kohls schnelle und unmittelbare Reaktion auf Andeutungen aus Moskau, dass man über entsprechende finanzielle Hilfen aus Bonn sehr erfreut wäre. Dabei habe, so Fröhlich, Kohl nicht selten unter Umgehung der zuständigen Ressorts für einen schnellen Durchbruch

---

[425] Vilmar: a.a.O., S. 157-159.

[426] Vgl. Bafoil, François: L'Allemagne d'aujourd'hui, H. 115, Januar/März 1991, S. 43f. Ähnlich äußerten sich Peter Christ und Ralf Neubauer, Ökonomen der ZEIT, und sprechen von einer Wirtschaftskatastrophe für Ostdeutschland. Hierzu Christ, Peter/Neubauer, Ralf: Kolonie im eigenen Land. Die Treuhand, Bonn und die Wirtschaftskatastrophe der fünf Bundesländer, Berlin 1991, S. 216.

gesorgt. Die später folgenden Zugeständnisse, wie in Fragen der Bündniszugehörigkeit, seien dadurch leichter zu erreichen gewesen.[427] Auch Biermann verweist auf die positive Wirkung, die durch die Kredithilfe an Moskau bewirkt worden sei. Nicht nur habe man damit einen Meinungswandel bei Gorbatschow fördern können, sondern es sei darüber hinaus eine Investition in die Stabilität der Sowjetunion gewesen und somit eine Stütze für Gorbatschow. Kohl habe die deutsche Wirtschaftskraft genau zum richtigen Zeitpunkt eingesetzt, dazu zähle auch das von Kohl eingehaltene Versprechen der Lebensmittellieferungen an Moskau im Januar 1990. Ebenso sei Kohls Vorschlag, den deutsch-sowjetischen Vertrag unmittelbar zu erneuern, in Moskau hocherfreut zur Kenntnis genommen worden und somit seien entscheidende Weichen für den erfolgreichen Abschluss des Zwei-plus-Vier Prozesses gestellt worden.[428]

Tatsächlich sei die Sowjetunion, so Gehler, von der BRD wirtschaftlich abhängig gewesen. Die Finanzhilfe an Moskau habe wesentlich zum Bonner Erfolg beigetragen, den man letzten Endes im Kaukasus besiegelte. Der Autor weist darauf hin, dass Kohl sich bei allem Geschick von Gorbatschow finanziell und politisch für den endgültigen Durchbruch einiges habe auferlegen lassen. Hierzu seien zum einen die Zahlungen von rund 60 Milliarden D-Mark zu nennen, aber auch der vorübergehende Verbleib der sowjetischen Truppen im Gebiet der ehemaligen DDR und die Tatsache, dass die BRD für deren

---

[427] Vgl. Fröhlich: Auf den Kanzler kommt es an, S. 282. Ebenso Schroeder, Die veränderte Republik, S. 186.

[428] Vgl. Biermann: Zwischen Kreml und Kanzleramt, S. 509-511 u. S. 647.

späteren Abzug ebenfalls finanziell habe aufkommen müssen. Insgesamt habe Kohl jedoch damit den Einigungsprozess direkt vorantreiben können.[429] Laut Rödder seien die Kreditvereinbarungen mit Moskau so geschickt verhandelt worden, dass man bereits vor der Reise in den Kaukasus sicher sein habe können, dass die Moskauer Seite einer vollen NATO-Mitgliedschaft zustimmen würde. Vor allem die letzten Feinheiten des 12 Milliarden Kredites und Kohls Zugabe eines zinslosen drei Millionenkredites hätten demnach für den Durchbruch gesorgt. Insgesamt sind zwischen 1989 und 1990 von der BRD 57,3 Milliarden D-Mark an die Sowjetunion geleistet worden.(**Nachweis**) Dies sei zwar eine große Summe, aber dadurch sei die deutsche Einheit zur „westlichen Maximalbedingung" erreicht worden, welche man noch Anfang 1990 in dieser Form für unmöglich gehalten habe.[430]

Plato weist darauf hin, dass bereits der amerikanische Außenminister James Baker bei seinem Gespräch mit Gorbatschow in Moskau im Februar 1990 die wesentlichen Weichen in Richtung Wiedervereinigung gestellt habe.[431] Und diesbezüglich stellt Schroeder treffend fest, dass man die Gespräche im Kaukasus als den „endgültigen Durchbruch" auf dem Weg zur deutschen Einheit bezeichnen könne.[432]

---

[429] Vgl. Gehler: Deutschland, S. 344
[430] Vgl. Rödder: BRD 1969-1990, S. 102.
[431] Vgl. Plato: Vereinigung Deutschlands, s. 275.
[432] Schroeder: Die veränderte Republik, s. 187.

5. Epilog

In dieser Arbeit wurde zu Beginn Helmut Kohls Selbsteinschätzung über sein eigenes Verdienst an der deutschen Einheit in den wichtigsten Bereichen aufgezeigt. Manch Versäumnis räumt der Kanzler dabei durchaus ein. So bestreitet er nicht, dass ihm im wirtschaftlichen Bereich Fehler unterlaufen sind. Ebenso spricht der Kanzler rückblickend davon, dass er das tatsächliche Ausmaß der Mentalitätsunterschiede zwischen West und Ost unterschätzt habe. Überwiegend aber demonstriert Kohl die Gewissheit über sein eigenes Verdienst am erfolgreichen Prozess der deutschen Einheit. Keinen Zweifel lässt der Kanzler an der Richtigkeit des Zehn-Punkte-Plans. Ebenso würde er, trotz aller Kritik, in der Wirtschaftspolitik wohl wieder so handeln. Die psychologischen Aspekte sieht Kohl als weitaus wichtiger an als die ökonomischen. Besonders betont er dabei, dass die persönliche und menschliche Komponente entscheidend gewesen sei, da er durch das in ihn gesetzte Vertrauen aus Washington und Moskau den Weg zur Wiedervereinigung geebnet habe.

Um die Jahrtausendwende schien Helmut Kohls Lebenswerk durch die CDU-Spendenaffäre zu wackeln. Auch mit alten Weggefährten – insbesondere Wolfgang Schäuble – kam es dabei zum endgültigen Bruch. Heute scheint aber wieder mehr das politische Verdienst um die Wiedervereinigung und ein geeintes Europa in den Vordergrund zu rücken. In sechzehn Jahren der Kanzlerschaft gibt es zweifelsohne mehrere Aspekte, auf die Kohl stolz sein kann. Ebenso sind ihm aber während seiner Regierungszeit zweifelsohne mitunter schwere Fehler unterlaufen. Feste Prinzipien, Verlässlichkeit und ein klares Bekenntnis zu Europa zeichneten ihn jedoch aus. Ein Gesamtbild über die Kanzlerschaft Kohls lässt sich vielleicht am besten in seinen Worten vom Festakt zum 20. Jahrestag des Mauerfalls ausdrücken, die keinen Zweifel daran lassen, dass für Kohl mit der deutschen Einheit sein Lebenswerk auf immer verbunden sein wird:

„Ich hab' nichts Besseres, stolz zu sein, als auf die deutsche Einheit stolz zu sein!"[433]

Die amerikanische Regierung äußert sich insgesamt sehr positiv über die Errungenschaften des Kanzlers. Helmut Kohl ist mit George Bush Senior bis heute eng befreundet. Einzig die zögerliche Haltung in der Grenzfrage zu Polen sowie die zum Teil mangelhafte Öffentlichkeitsarbeit Bonns wird kritisiert. Es ist nicht zu übersehen, dass es für den Prozess der Wiedervereinigung in der Tat eine glückliche Fügung war, dass genau zu dieser Zeit das menschliche Verhältnis zwischen dem deutschen Bundeskanzler und dem amerikanischen Präsidenten außerordentlich gut war. Bush und Scowcroft verdeutlichen, dass die USA durch Führungsstärke und persönliche Diplomatie entscheidend zur Deutschen Einheit beigetragen hätten. Ebenso wird aber ersichtlich, dass Helmut Kohl bis heute im Weißen Haus großes Ansehen genießt und die Wiedervereinigung laut Bush, Scowcroft und Baker ohne „Helmut" in

---

[433] Vgl. welt-online: Historischer Abend mit Kohl, Bush, Gorbatschow, 1.11.2009. Quelle: http://www.welt.de/politik/article5041490/Historischer-Abend-mit-Kohl-Bush-Gorbatschow.html

dieser Form nicht möglich gewesen wäre. Das sehr gute transatlantische Verhältnis habe den Weg zur Wiedervereinigung deutlich erleichtert und dies habe zu einem großen Teil an den Anstrengungen und dem politischen Instinkt Helmut Kohls gelegen.[434]

François Mitterand spricht Kohl offiziell einen großen Anteil an der Wiedervereinigung zu und lobt die politische Zusammenarbeit. Diese Arbeit hat aber auch gezeigt, dass die bereits bekannte „Schönfärberei" Mitterands in ihrem Ausmaß noch größer war als angenommen. Mitterands Berichte und Urteile sind leider nur wenig aufrichtig, können durch die uns vorliegenden Protokolle und Dokumente jedoch relativiert bzw. ergänzt und somit in ein objektiveres Licht gerückt werden. Ebenso darf dabei nicht der Fehler gemacht werden, Mitterands offizielle Kommentare nun generell als verfälscht zu betrachten. Kohls menschliche Seite und politische Leistungen schätzte Mitterand durchaus. Allerdings wollte sich der französische Staatspräsident durch seine offiziellen Äußerungen als ein überzeugter Fürsprecher der Wiedervereinigung darstellen, der er in dieser Form nicht gewesen war.

Im Gegensatz dazu Margaret Thatcher, deren großes Plus ihre Ehrlichkeit ist. Die Premierministerin spricht dem Kanzler aufgrund seiner Standfestigkeit in Bezug auf den NATO-Doppelbeschluss Anerkennung aus. Insgesamt skizziert sie aber ein negatives Bild von Helmut Kohl und Deutschland, das stets im Bewusstsein ihrer

---

[434] Vgl. Bush: Neue Welt, S. 12 u. S. 36f.

weltpolitischen Ansichten interpretiert werden muss. Ein vereintes und (zu) großes Deutschland stellte für Thatcher eine Gefährdung der Stabilität in Europa dar. Mehr als zwanzig Jahre nach der Wiedervereinigung darf der deutsche Historiker durchaus behaupten, dass die Befürchtungen der Premierministerin nicht eingetroffen sind.

Michail Gorbatschow und Eduard Schewardnadse verdeutlichen, dass die Beziehung zu Kohl anfangs eine eher schlechte war. Das Verhältnis konnte jedoch wesentlich verbessert werden, wobei zu betonen ist, dass der Zehn-Punkte-Plan den Kreml überaus verärgerte. Für das persönliche Verhältnis zwischen Kohl und Gorbatschow entstanden dadurch langfristig jedoch keine negativen Folgen. Hierbei ist auch Außenminister Hans-Dietrich Genscher ausdrücklich zu nennen, der durch großes diplomatisches Geschick oft beruhigend auf Moskau einwirkte. Bis zu Beginn des Jahres 1990 ließ der sowjetische Generalsekretär bzgl. der Bündnisfrage eines vereinten Deutschlands keinerlei Einlenken erkennen. Die innenpolitischen Schwierigkeiten Moskaus - allen voran die desolate wirtschaftliche Lage - sowie die von Bonn geschickt eingesetzten Kredite führten jedoch dazu, dass sich Gorbatschow in den folgenden Monaten immer mehr Zugeständnisse abringen ließ.

In der Geschichts- und Politikwissenschaft wird Kohl insgesamt politisch und persönlich ein großer Anteil an der deutschen Einheit zugeschrieben. Besonders hervorgehoben werden dabei sein klares Bekenntnis zum Westen, seine festen Prinzipien in der Deutschlandpolitik sowie sein Streben nach einem geeinten Europa.

Kritisiert werden hauptsächlich die Verfehlungen im wirtschafts- und finanzpolitischen Bereich. Ebenso herrscht Unverständnis über Kohls in der Tat unglückliches Taktieren in Bezug auf die Grenze zu Polen. Darüber hinaus wirft man Kohl von mancher Seite vor, den Menschen in der DDR zu hohe Versprechen gegeben und nicht ausreichend auf mögliche Folgen und notwendige Anstrengungen hingewiesen zu haben. Generell negative und zum Teil sehr angriffslustige Bewertungen im Hinblick auf die politische Umsetzung der deutschen Einheit - insbesondere solche, die von Kolonialisierung und einem Einverleiben der DDR sprechen[435] - stellen in der Forschungsliteratur eine Minderheit dar. Leider fehlt es diesen Kritiken allzu oft an adäquaten und fundierten Alternativvorschlägen. Die aus einer rein ökonomischen Perspektive aufgeführten Argumentationen haben zweifelsohne ihre Berechtigung. Insgesamt muss aber bei der Kritik an der Umsetzung der Währungs-, Wirtschafts- und Sozialunion sozusagen über den ökonomischen Tellerrand hinausgesehen werden. Man sollte m.E. nicht vergessen, dass diese Entscheidung in einem historisch einzigartigen Augenblick zu fällen war. Außerdem könnte ein Blick auf die Gegenwart hilfreich sein. Die Bundesrepublik Deutschland steht freilich vor großen politischen, ökonomischen und gesellschaftlichen Herausforderungen. Dennoch gilt sie in vielen

---

[435] Z.B. Vilmar, Fritz (Hrsg.): Der Begriff der „Strukturellen Kolonialisierung" – eine theoretische Klärung, S. 21-32, in: Ders. (Hrsg.): Zehn Jahre Vereinigungspolitik. Kritische Bilanz und humane Alternativen (Kritische Analysen zur Vereinigungspolitik, Bd. 1). Berlin ²2000.

Ländern der Welt heute im wirtschaftlichen, sozialen und institutionellen Bereich als Vorbild.

Die Entwicklung von 1949 bis heute ist insgesamt eine Erfolgsgeschichte, in der die deutsche Einheit den Höhepunkt darstellt. Manchmal scheint es so, als seien sich die Deutschen - egal ob Ost oder West - über ihre gesellschaftspolitischen Errungenschaften, die ebenso zum heutigen Vorbildcharakter der BRD wesentlich beigetragen haben, selbst gar nicht bewusst. Dass auch im heutigen Deutschland Mentalitätsunterschiede bestehen, bedeutet nicht, dass man sich gegenseitig fremd sein muss. Ganz im Gegenteil, die ohnehin föderalistisch geprägte BRD kann von ihrer Vielfalt nur profitieren. Es gilt, die deutsche Einheit als das zu sehen, was sie war und ist: ein Sieg der Freiheit; und Letztere wiederum ist eine Voraussetzung für den Frieden in Europa. Und dieser „Sieg" der deutschen Einheit gebührt neben manch politischer Errungenschaft nicht zuletzt dem deutschen Volke. So kommt auch Kohl zu dem Schluss, dass der „Friede ja letztlich nicht das Werk internationaler Konferenzen und diplomatischer Verhandlungen [ist] – er beginnt in den Herzen der Menschen."[436] Was 1989/1990 politisch, historisch und nicht zuletzt menschlich geschaffen wurde, ist eine außergewöhnliche Leistung, mit der auch die deutschen Einheits-, Freiheits- und Demokratiebewegungen des 19. Jahrhunderts schließlich ihre Vollendung gefunden haben. Demnach bringt es in diesem Fall Arnulf Baring durchaus treffend auf den Punkt, wenn er sein Unverständnis

---

[436] Diekmann: Kohl. „Ich wollte Deutschlands Einheit", S. 204.

darüber zum Ausdruck bringt, dass die Deutschen selbst bei historisch großen Errungenschaften ihren Blick primär auf die negativen Seiten richten. Selbst die Wiedervereinigung begreife man nicht als Glück, sondern man betrachte sie zuallererst unter dem Gesichtspunkt der dadurch entstandenen Kosten. Dies, so Baring, sei sehr bedauerlich.[437] Dem ist nichts hinzuzufügen.

Geschichtswissenschaftlich wäre es natürlich töricht und naiv, ein einzelnes Ereignis herauszustellen und als das entscheidende Moment für die deutsche Einheit zu bezeichnen. Zu kompliziert miteinander verbunden und interdependent sind die Ereignisse in der Geschichte der BRD, die letzten Endes den Weg zur Einheit ebneten. In Bezug auf die Jahre 1989 ist jedoch Stefan Fröhlich zuzustimmen. Der Erfolg der Vereinigung lag insgesamt „sicherlich in der Kombination günstiger Rahmenbedingungen, diplomatischen Geschicks und politischer Führungskraft. Alles zusammen begünstigte die atemberaubenden Ereignisse zwischen dem 9. November 1989 und dem 3. Oktober 1990."[438]

Persönlichkeit alleine bewirkt natürlich noch keine politischen Erfolge. Und dennoch ist abschließend anzumerken, dass ohne Helmut Kohl die Geschichte der Bundesrepublik Deutschland in den Jahren 1989/1990 einen anderen Verlauf genommen hätte. Manche von persönlicher Eitelkeit behaftete Aussage, dass Kohl die Einheit zugeflogen und es

---

[437] Vgl. Baring: Was zu tun bleibt, in: Eberhard Diepgen (Hrsg.) Deutsche Einheit, S. 34.

[438] Fröhlich, Stefan: Auf den Kanzler kommt es an, S. 284.

eine „Gnade der Geschichte" (Rudolf Augstein)[439] gewesen sei, dass ausgerechnet er zu diesem Zeitpunkt deutscher Bundeskanzler war, kann unter wissenschaftlichen Aspekten kaum ernst genommen werden. Es ist sehr wahrscheinlich, dass ohne die Person Helmut Kohl, seine festen Grundprinzipien, seine enge Bindung zu Washington und sein persönliches Verhältnis zu Michail Gorbatschow sowie sein oft raffiniert politisches Taktieren die deutsche Einheit im Jahre 1990 zu diesen Bedingungen niemals erreicht worden wäre. Denn letzten Endes, so Michal Gehler, sind geschichtliche Entscheidungen nie alternativlos. Neben allen Strukturen, den komplexen gesellschaftspolitischen und wirtschaftlichen Umständen der jeweiligen Epoche, „spielen nach wie vor Personen eine entscheidende Rolle in der Gestaltung von Politik. Mit einem Bundeskanzler Oskar Lafontaine (SPD) hätte die Deutschlandpolitik 1989/90 sehr wahrscheinlich eine andere Gestalt als jene, die Helmut Kohl ihr gab."[440]

Abschließend ist noch zu sagen, dass die bei der politischen Umsetzung der deutschen Einheit begangenen Fehler nicht verharmlost werden dürfen. Ebenso würde man sich wünschen, Kohl spräche die Versäumnisse in seinen Erinnerungen noch konkreter an und führe sie noch detaillierter aus. Fest steht aber auch, dass der Kanzler in den entscheidenden Phasen geschickt handelte und zum richtigen Zeitpunkt erkannte, dass er die Initiative ergreifen musste. Die deutsche Einheit

---

[439] So äußert sich Augstein in „Helmut Kohl: Der Patriot".
[440] Gehler, Michael: Deutschland. Von der Teilung zur Einigung. 1945 bis heute, S. 358.

und Europa waren Kohl in der Tat ein Herzensanliegen. In den richtungsweisenden Jahren 1989 und 1990 hatte Kohl zu Washington und Moskau ein derart gutes Verhältnis aufgebaut, dass sich Weißes Haus und Kreml als solide Partner darstellten, die Helmut Kohl letzten Endes die Möglichkeit eröffneten, das Tor zur deutschen Einheit zu durchschreiten. Gorbatschows Verdienst ist unbestritten, wird in der deutschen Öffentlichkeit allerdings oft überschätzt und teils verklärt. Der sowjetische Generalsekretär trug ohne Zweifel wesentlich dazu bei, dass das Tor zur Einheit nicht wieder geschlossen wurde. Dabei wird nicht selten übersehen, dass er sich lange Zeit mit dem Gedanken einer Wiedervereinigung Deutschlands nicht anfreunden konnte. Es muss m.E. stark bezweifelt werden, dass Gorbatschow bei einer gesunden sowjetischen Wirtschaft im Jahre 1990 der Wiedervereinigung zu diesen Bedingungen zugestimmt hätte. Andererseits wird in der deutschen Öffentlichkeit kaum zur Kenntnis genommen, dass ohne die konstruktive politische Arbeit der unter George Bush Senior geführten US-Regierung im Sinne der Deutschen Frage die Wiedervereinigung nicht möglich gewesen wäre. Nicht zuletzt sind für den Prozess der Wiedervereinigung selbstverständlich stets die Freiheits- und Demokratiebewegungen in Ost- und Mitteleuropa der 1980er Jahre zu nennen, welche die Voraussetzungen für die politische Umsetzung erst geschaffen hatten.[441] Der historische

---

[441] Hierzu z.B. Gehler, Michael: Die Umsturzbewegungen 1989 in Mittel- und Osteuropa, in: Aus Politik und Zeitgeschichte, 4.10.2004, S. 36-46.

Meilenstein der deutschen Einheit basiert letzten Endes auf vielerlei Faktoren.

Auch Kohl spricht diesen Punkt an. Somit soll diese Arbeit mit den Worten des Kanzlers der Einheit abgeschlossen werden, da sie ein ehrliches sowie zutreffendes Resümee und Gesamturteil über das Verdienst um die deutsche Einheit wiedergeben.

„Dass die Mauer irgendwann fallen und Deutschland wieder vereint würde, daran hatte ich nie einen Zweifel. Aber wie und wann dies geschehen würde, war für mich immer eine offene Frage. Lange Zeit wusste ich nicht einmal, ob sich dies noch zu meinen Lebzeiten ergeben würde. Es war immer klar, dass dafür vieles zusammenkommen musste so, wie es in den Jahren 1989 und 1990 dann auch geschah. Nicht allein der Freiheitswille der Menschen in der DDR, nicht allein Glasnost und Perestroika, nicht allein die Entspannungspolitik zwischen Ost und West, nicht allein US-Präsident George Bush, nicht allein der sowjetische Generalsekretär Michail Gorbatschow, nicht allein der deutsche Bundeskanzler – niemand allein hätte ausgereicht, um die Mauer zu Fall und die Wiedervereinigung zustande zu bringen. Es bedurfte dazu vielmehr einer glücklichen, ich möchte sagen einer historischen Konstellation von Personen und Ereignissen. "[442]

---

[442] Kohl: Erinnerungen, s. 8.

Quellen- und Literaturverzeichnis

Primärliteratur

BAKER, James: Drei Jahre, die die Welt veränderten. Erinnerungen (aus dem englischen von Yvonne Badal, Originaltitel: The Politics of Diplomacy), Berlin 1996.

Bundesministerium der Finanzen (Hrgs.): Bundeshaushalt 1991. Rede des Bundesministers der Finanzen Dr. Theo Waigel am 12. März 1991 im Deutschen Bundestag (Berichte und Dokumentationen), Bonn 1991.

BUSH, George/SCOWCROFT, Brent: Eine Neue Welt. Amerikanische Außenpolitik in Zeiten des Umbruchs (aus dem Amerikanischen von Stephan Fuchs, Originaltitel: A World Transformed), Hamburg 1999.

BUSH, George sen.: Grußadresse anlässlich Helmut Kohls 75. Geburtstag, in: Bernhard Vogel (Hrsg.): Ein Leben für Deutschland und Europa. Helmut Kohl – Stationen eines politischen Lebens, Düsseldorf 2005, S. 105-107.

DE MAIZIÉRE, Lothar: Die deutsche Einheit. Eine kritische Betrachtung (hrsg. von der Kester-Haeusler-Stiftung). Fürstenfeldbruck 1994.

Der Spiegel (46/1986). „Kohl hätte sich entschuldigen müssen", 10.11.1986, S. 28-30.

DERS.: (39/1989): „Hier ist Engagement gefordert“. 25.09.1989, S. 24-27.

DERS.: (20/1990): „Nicht den Buchhaltern überlassen“. Spiegel-Gespräch mit Außenminister Hans-Dietrich Genscher über den Streit um die Souveränität Deutschlands. 14.05.1990, S. 28-30.

DIEKMANN, Kai/Reuth, Ralf Georg: Helmut Kohl. „Ich wollte Deutschlands Einheit“, München 2000. (auch schon 1996 von Ullstein Berlin, 2000 von Econ Ullstein München)

GALKIN, Aleksandr/Tschernjajew, Anatolij (Hrsg.): Michail Gorbatschow und die Deutsche Frage. Sowjetische Dokumente 1986-1991 (Quellen und Darstellungen zur Zeitgeschichte, Bd. 83, hrsg. vom Institut für Zeitgeschichte), München 2011.

GENSCHER, Hans-Dietrich: Erinnerungen, Berlin 1995.

DERS. Hans-Dietrich (im Gespräch mit Ulrich Wickert): Sternstunde der Deutschen. Mit sechs Beiträgen von Hans-Dietrich Genscher und einem Vorwort von Erich Loest, Stuttgart/Leipzig 2000.

GORBATSCHOW, Michail: Erinnerungen (aus dem Russischen von Igor Petrowitsch Gorodetzki). Berlin 1995.

DERS.: Perestroika. Die zweite russische Revolution. Eine neue Politik für Europa und die Welt (aus dem amerikanischen übersetzt von Gabriele Burkhardt u.a.), München 1987.

HERZOG, Roman: Begegnungen mit Helmut Kohl, In: Bernhard Vogel (Hrsg.): Ein Leben für Deutschland und Europa. Helmut Kohl – Stationen eines politischen Lebens, Düsseldorf 2005, S. 17-24.

KISSINGER, Henry: Amerika und Deutschland: Politik unter Freunden, in: Bernhard Vogel (Hrsg.): Ein Leben für Deutschland und Europa. Helmut Kohl – Stationen eines politischen Lebens, Düsseldorf 2005, S. 35-42.

KOHL, Helmut: Vom Mauerfall zur Wiedervereinigung. Meine Erinnerungen, München 2009.

KÖHLER, Horst: Alle zogen mit, in: Theo Waigel u. Manfred Schell: Tage, die Deutschland und die Welt veränderten. Vom Mauerfall zum Kaukasus. Die deutsche Währungsunion, München 1994, S. 118-134.

KÜSTERS, Hanns Jürgen/Hofmann Daniel: Dokumente zur Deutschlandpolitik. Deutsche Einheit. Sonderedition aus den Akten des Bundeskanzleramtes 1989/90 (hrsg. vom Bundesministerium des Innern), München 1998.

MITTERAND, François: Über Deutschland (aus dem Französischen von Bernd Schwibs, Originaltitel: De l'Allemagne, De La France), Frankfurt/Leipzig 1996.

MODROW, Hans: Aufbruch und Ende, Hamburg ²1991.

MORSEY, Rudolf/SCHWARZ, Hans-Peter (Hrsg.): Konrad Adenauer. Briefe 1945-1947. Bearbeitet von Hans-Peter Mensing. Berlin 1983.

REAGAN, Ronald: The Reagan Diaries, New York 2007.

SALMON, P./Hamilton K. (Hrsg.): Documents on British Policy Overseas. German Unification, 1989-1990 (Foreign and Commonwealth Office, Series III, Volume VII), London/New York 2010.

SCHÄUBLE, Wolfgang: Die Einheit Europas ist unser Auftrag, in: Eberhard Diepgen (Hrsg.): Deutsche Einheit: Gedanken, Einsichten und Perspektiven. Berlin 2000, S. 205-211.

DERS.:, Wolfgang: Der Vertrag. Wie ich über die deutsche Einheit verhandelte (hrsg. von Dirk Koch und Klaus Wirtgen). Stuttgart 1991.

SCHEWARDNADSE, Eduard: Die Zukunft gehört der Freiheit, Hamburg 1991.

TELTSCHIK, Horst: 329 Tage. Innenansichten der Einigung, Berlin 1991.

THATCHER, Margaret: Downing Street No. 10. Die Erinnerungen (übersetzt von Heinz Tophinke u.a., Originaltitel: The Downing Street Years), Düsseldorf u.a. 1993.

VON MÜNCH, Ingo (Hrsg.): Dokumente der Wiedervereinigung Deutschlands. Quellentexte zum Prozess der Wiedervereinigung (Kröners Taschenausgabe, Bd. 393). Stuttgart 1991.

VON WEIZSÄCKER, Richard. Der Weg zur Einheit, München 2009.

WAIGEL, Theo: Tage, die Deutschland und die Welt veränderten, in: Theo Waigel u. Manfred Schell: Tage, die Deutschland und die Welt veränderten. Vom Mauerfall zum Kaukasus. Die deutsche Währungsunion, München 1994, S. 26-56.

DERS.: „War der Weg richtig? Ein Rückblick nach vier Jahren", in: Waigel, Schell: Tage, die Deutschland un die Welt veränderten. Vom Mauerfall zum Kaukasus. Die deutsche Währungsunion. München 1994.

Sekundärliteratur

BAFOIL, François: L'Allemagne d'aujourd'hui, H. 115: Januar/März 1991:

BARING, Arnulf: Was zu tun bleibt, zehn Jahre nach der Wiedervereinigung: Die Berliner Republik mit Leben erfüllen!, in: Eberhard Diepgen (Hrsg.): Deutsche Einheit. Gedanken, Einsichten und Perspektiven, Berlin 2000, S. 23-43.

BIERMANN, Harald: NATO-Doppelbeschluss 1979. Westliche Defensive oder Todesstoß für den Osten?, in: Andreas Rödder und Wolfgang Elz (Hrsg.): Deutschland in der Welt. Weichenstellungen in der Geschichte der Bundesrepublik, Göttingen 2010, S. 83-96.

BIERMANN, Rafael: Zwischen Kreml und Kanzleramt. Wie Moskau mit der deutschen Einheit rang (Studien zur Politik; Bd. 30), Paderborn u.a. 1997.

CHRIST, Peter/NEUBAUER, Ralf: Kolonie im eigenen Land. Die Treuhand, Bonn und die Wirtschaftskatastrophe der fünf Bundesländer, Berlin 1991

COLE, Alistair: Political Leadership in Western Europe: Helmut Kohl in Comparative Context, in: German Politics, 1998, 7:1, S. 120-142.

DIEPGEN, Eberhard: Halbzeit auf dem Weg zur Einheit, in: Eberhard Diepgen (Hrsg.): Deutsche Einheit. Gedanken, Einsichten und Perspektiven, Berlin 2000, S. 56-68.

FRÖHLICH, Stefan: Auf den Kanzler kommt es an. Helmut Kohl und die deutsche Außenpolitik. Persönliches Regiment und Regierungshandeln vom Amtsantritt bis zur Wiedervereinigung, Paderborn 2001.

GEHLER, Michael: Deutschland. Von der Teilung zur Einigung. 1945 bis heute (Lizenzausgabe für die Bundeszentrale für politische Bildung Bonn 2011), Wien u.a. 2010 (Titel der englischen Originalausgabe: „Three Germanies: East, West and the Berlin Republic since 1945").

DERS.:, Michael: Die Umsturzbewegungen 1989 in Mittel- und Osteuropa. Ursachen – Verlauf – Folgen, in: Aus Politik und Zeitgeschichte, 4. Oktober 2004, S. 36-46.

GOLZ, Hans-Georg: Editorial in „Aus Politik und Zeitgeschichte, 4. Oktober 2004.

GOULD, Lewis: The Modern American Presidency, University Press of Kansas 2003.

HERTLE, Hans-Hermann: Der Zusammenbruch der DDR-Wirtschaft, in: Niedersächsische Landeszentrale für politische Bildung (Hrsg.): Vom Ende der DDR-Wirtschaft zum Neubeginn in den ostdeutschen Bundesländern. Hannover 1998.

JÄGER, Wolfgang: Die Überwindung der Teilung. Der innerdeutsche Prozeß der Vereinigung 1989/90 (Geschichte der Deutschen Einheit, Bd. 3). Stuttgart 1998.

JOHNSON, Nevil: Kohl's Chancellorship, in: German Politics, 2000, 9:1, S. 145-152.

KITTEL, Manfred: Strauß' Milliardenkredit für die DDR. Leistung und Gegenleistung in den innerdeutschen Beziehungen, in: Udo Wengst u. Hermann Wentker (Hg.): Das doppelte Deutschland. 40 Jahre Systemkonkurrenz (Eine Veröffentlichung des Instituts für Zeitgeschichte), Berlin 2008.

KOERFER, Daniel: Kampf ums Kanzleramt. Erhard und Adenauer. Berlin 1998.

KORTE, Karl-Rudolf: Deutschlandpolitik in Helmut Kohls Kanzlerschaft. Regierungsstil und Entscheidung 1982-1989 (Geschichte der deutschen Einheit, Bd. 1). Stuttgart 1998.

LEHMAN, Hans Georg (Hrsg.): Deutschland-Chronik. 1945 bis 2000 (Bundeszentrale für politische Bildung, Schriftenreihe, Bd. 366). Bonn 2002.

MERTES, Michael: Helmut Kohl's Legacy for Germany, in: The Washington Quarterly, 2002, 25:4, S. 67-82.

NOACK, Hans-Joachim/Bickerich, Wolfram: Helmut Kohl. Die Biographie, Berlin 2010.

PRUYS, Karl Hugh: Kohl: Genius of the Present (Illinois Edition Q, 1996); Stephen Padgett (ed.)

RÖDDER, Andreas: Die Bundesrepublik Deutschland. 1969-1990 (Oldenbourg Grundriss der Geschichte), (hrsg. von Lothar Gall u.a., Bd. 19A), München 2004.

DERS.: Wiedervereinigung 1989/90. Deutsche Revolution und internationale Ordnung, in: Andreas Rödder und Wolfgang Elz (Hrsg –

oder Hg.): Deutschland in der Welt. Weichenstellungen in der Geschichte der Bundesrepublik, Göttingen 2010, S. 97-112.

DERS.:, Andreas: Deutschland einig Vaterland. Die Geschichte der Wiedervereinigung, München 2009. (Lizensausgabe für die Bundeszentrale für politische Bildung, Bonn 2010).

SCHROEDER, Klaus: Die veränderte Republik. Deutschland nach der Wiedervereinigung (Bayerische Landeszentrale für politische Bildungsarbeit), München 2006.

SCHWAN, Heribert/Steininger Rolf: Helmut Kohl. Virtuose der Macht, Mannheim 2010.

TOFAHRN, Klaus W.: Chronologie der Wiedervereinigung Deutschlands (Studien zur Zeitgeschichte, Bd. 37 – Schriftenreihe), Hamburg 2004.

Vilmar, Fritz: Die übereilte Währungsunion: Eine ökonomische Katastrophe, in: ders. [Hrsg.]: Zehn Jahre Vereinigungspolitik. Kritische Bilanz und humane Alternativen (Kritische Analysen zur Vereinigungspolitik, Bd.1), Berlin ²2000, S. 147-160.

DERS.: Der Begriff der „Strukturellen Kolonialisierung" – eine theoretische Klärung, in: ders. (Hrsg): Zehn Jahre Vereinigungspolitik. Kritische Bilanz und humane Alternativen (Kritische Analysen zur Vereinigungspolitik, Bd. 1). Berlin ²2000.

VON PLATO, Alexander: Die Vereinigung Deutschlands – ein weltpolitisches Machtspiel. Bush, Kohl, Gorbatschow und die geheimen Moskauer Protokolle (Lizenzausgabe für die Bundeszentrale für Politische Bildung Bonn 2003), Berlin 2002.

WINKLER, Heinrich August: Der Staatenbund als Bewährungsprobe. Das erreichbare Maß an Einheit verträgt keinen Aufschub mehr, in: Udo Wengst (Hg.): Historiker betrachten Deutschland. Beiträge zum Vereinigungsprozess und zur Hauptstadtdiskussion (Februar 1990 – Juni 1991), Bonn u. Berlin 1992, S. 33-38.

Online-Quellen

BBC-News: Thatcher's fight against German unity, Quelle: http://news.bbc.co.uk/2/hi/8251211.stm (Stand: 06.01.2012).

Begeisterung für Helmut Kohl – gelungene JU-Aktion in Ludwigshafen, Quelle: http://www.junge-union.de/content/presse/mitteilungen/1070 (Stand: 1.03.2012).

Der Tagesspiegel (23.01.2011), Huber, Joachim: CDU-Königsdrama. Kohl vs. Schäuble, frei nach Shakespeare, Quelle: http://www.tagesspiegel.de/medien/cdu-koenigsdrama-kohl-vs-schaeuble-frei-nach-shakespeare/3726750.html (Stand: 15.02.2012).

Focus-online, Reitschuster Boris: „Wiedervereinigung: Und dann rief ich Gorbatschow an", 19.10.2009, Quelle: http://www.focus.de/politik/deutschland/20-jahre-wende/wiedervereinigung-und-dann-rief-ich-gorbatschow-an_aid_445826.html (Stand: 16.01.2012).
Focus-online: Genscher gratuliert Kohl. Geschenkt wurde ihm nichts, 27.03.2010, Quelle: http://www.focus.de/politik/deutschland/genscher-gratuliert-kohl-geschenkt-wurde-ihm-nichts_aid_493611.html (Stand: 01.02.2012).

Gipfeltreffen der Einheitsväter in Berlin, Quelle: http://www.rp-online.de/politik/deutschland/gipfeltreffen-der-einheitsvaeter-in-berlin-1.2297082 (Stand: 15.02.2012).

Helmut Kohl, Verräter Deutschlands!, Quelle: http://www.deutschland-debatte.de/2012/02/29/helmut-kohl-verrater-deutschlands/ (Stand: 1.03.2012).

Junge Union. 20 Jahre Kanzler der Deutschen Einheit – Danke, Helmut Kohl, Quelle: http://www.junge-union.de/content/presse/mitteilungen/1145 (Stand: 1.03.2012).

L'Express (14.07.1994): Deutschland und wir Franzosen. Gespräch mit Francois Mitterand. Par L'Écotais Yann de et Gonin Jean-Marc et Hoche Christian et Valance Georges et Fiel Anne-Marie. Quelle: http://www.lexpress.fr/informations/deutschland-und-wir-franzosen-gesprach-mitfrancois-mitterand_598716.html (Stand: 13.12.2011).

Los Angeles Times vom 3. November 1986: Tuohy, William: Misquoted about Gorbachev, Kohl says: Chancellor denies Comparing Soviet Leader to Nazi's Goebbels. http://articles.latimes.com/1986-11-03/news/mn-14904_1_kohl-spokesman (10.12.2011).

n-tv vom 31. Oktober 2009: Wegbereiter der deutschen Einheit, Quelle: http://www.n-tv.de/politik/Kohl-Gorbatschow-Bush-geehrt-article571397.html (Stand: 15.02.2012).

Powell, Charles: Tales from Margaret Thatcher's foreign Travels, 14.04.2008. Ausschnitt aus The Daily Telegraph's Margaret Thatcher: A Tribute in Words and Pictures, edited by Iain Dale, Quelle: http://www.telegraph.co.uk/news/newstopics/themargaretthatcheryears/1585111/Tales-from-Margaret-Thatchers-foreign-travels.html (Stand: 14.12.2011).

RP-online (31.10.2009): Gipfeltreffen der Einheitsväter in Berlin, Quelle: http://www.rp-online.de/politik/deutschland/gipfeltreffen-der-einheitsvaeter-in-berlin-1.2297082 (Stand: 15.02.2012).

Spiegel-Archiv online: Kohl hätte sich entschuldigen müssen: http://www.spiegel.de/spiegel/print/d-13520535.html (Stand: 10.12.2011).

Spiegel-Online. Deutsche Wiedervereinigung. „Jim, bist du sicher, dass Kohl einverstanden ist?", Quelle: http://einestages.spiegel.de/static/topicalbumbackground/5668/_jim_bist_du_sicher_dass_kohl_einverstanden_ist.html (Stand: 15.12.2012).

Spiegel-Online International: Volkery Carsten: „The Germans Are Back!. The Iron's Lady Views on German Reunification." 11.09.2009. Quelle: http://www.spiegel.de/international/europe/0,1518,648364,00.html (Stand: 17.12.2011).

Spiegel-online International: Sir Christopher Mallaby: Thatcher versus Kohl. They didn't Naturally Each Other's Company (Im Interview mit Marco Evers), 14.09.2009.

Welt-online. Richter, Christine: Historischer Abend mit Kohl, Bush, Gorbatschow. 1.11. 2009, Quelle: http://www.welt.de/politik/article5041490/Historischer-Abend-mit-Kohl-Bush-Gorbatschow.html (Stand: 15.02.2012).

Welt-online, Leibel, Jochen: Helmut Kohl weinte um seinen Freund, 12.01.1996, Quelle: http://www.welt.de/print-welt/article652024/Helmut_Kohl_weinte_um_seinen_Freund.html

Welt-online (06.06.2010): Thomas Schmid im Gespräch mit Joachim Gauck: Freiheit ist anstrengend, denn man muss wählen.

Quelle: http://www.welt.de/politik/deutschland/article7922299/Freiheit-ist-anstrengend-denn-man-muss-waehlen.html (Stand: 5.03.2012).

Welt-online vom 31.10.2009: Kohl, Bush und Gorbatschow geehrt (inkl. Video), Quelle: http://www.welt.de/videos/politik/article5038858/Kohl-Bush-und-Gorbatschow-geehrt.html#autoplay (Stand: 15.02.2012).

Welt-online: Historischer Abend mit Kohl, Bush, Gorbatschow, 1.11.2009. Quelle: http://www.welt.de/politik/article5041490/Historischer-Abend-mit-Kohl-Bush-Gorbatschow.html

Sonstige Medien

Filmreihe *Deutsche Bundeskanzler*, „Helmut Kohl: Der Patriot", Guido Knopp und Stefan Brauburger (1999).

Filmreihe „Duelle: Helmut Kohl gegen Wolfgang Schäuble" von Stephan Lamby

Miard-Delacroix und Georges Saunier in der Dokumentation „Mitterand. Sozialist, Patriot, Weltpolitiker." Eine schriftliche Zusammenfassung ist unter dem Titel „Mitterand-Kohl: die komplexe Beziehung des deutsch-französischen Paares zwischen Dissens und Konsens." auch online verfügbar. Quelle: http://www.arte.tv/de/3853938,CmC=3863708.html (Stand: 15.12.2011)